Dr. Massei
Desejo-lhe um
aniversário repleto
de Luz e muitos,
muitos felicidades.
Mônica

Sob o olhar de Deus

08/06

Sob o olhar de Deus

Pelo espírito

HELENA

Psicografia de

MARIA NAZARETH DÓRIA

LÚMEN EDITORIAL

Dedicatória

Sou profundamente grata à espiritualidade por estar sempre me levando pelo melhor caminho.

Agradeço a todas as pessoas envolvidas na elaboração deste livro e aos editores, pelo cuidado e carinho que têm com os trabalhos psicografados por intermédio da mediunidade.

À minha família, com muito carinho, amor e gratidão, por todo apoio que tenho recebido em meu trabalho espiritual, em especial à minha neta, Lya, que muito tem colaborado comigo.

Sob o olhar de Deus
pelo espírito *Helena*
psicografia de *Maria Nazareth Dória*

1ª edição - outubro de 2005

Direção editorial: *Celso Maiellari*
Preparação de originais: *Adriane Gozzo*
Revisão: *Thelma Babaoka*
Capa e Projeto Gráfico: *Ronaldo Barsotti/ Zeta Design*
Impressão e acabamento: *Yangraf Gráfica*

Dados Internacionais de Catalogação na Publicação (CIP)
(Câmara Brasileira do Livro, SP, Brasil)

Helena (Espírito).
Sob o olhar de Deus / pelo espírito Helena ; psicografia de Maria Nazareth Dória. – São Paulo : Lúmen, 2005

1. Espiritismo 2. Psicografia 3. Romance espírita
I. Dória, Maria Nazareth. II. Título

05-6658 CDD-133.9

Índice para catálogo sistemático
1. Romance espírita : Espiritismo 133.9

LÚMEN EDITORIAL
Rua Espírita, 64
São Paulo - SP
CEP 01527-040
Tel/Fax (0xx11) 3207-1353

visite nosso site: www.lumeneditorial.com.br
fale com a Lúmen: atendimento@lumeneditorial.com.br
departamento de vendas: comercial@lumeneditorial.com.br
contato editorial: editorial@lumeneditorial.com.br

Sumário

Introdução

Muitas e muitas vezes em nossas vidas fazemos ou deixamos de fazer coisas importantes para o nosso crescimento espiritual por não agirmos de acordo com as leis de Deus, leis estas simples e fáceis de ser acatadas e entendidas por todos os povos, em todas as culturas e religiões; leis criadas com a essência do Seu amor divino.

O amor de Deus por nós não exige sacrifícios nem ameaça ninguém; amor não é sofrimento, mas alegria, crescimento e prosperidade!

Em nossa história de vida, existe a *vontade* de Deus e a nossa vontade. Devemos trabalhar muito nosso interior para nos tornarmos "homens de boa vontade" e sabermos reconhecer e aceitar com amor a *vontade* de Deus, que é bem diferente da nossa.

Neste livro, vamos acompanhar a triste trajetória de alguns irmãos, envolvidos pela *vontade* de Deus, e de outros, que fizeram uso do livre-arbítrio para colocar em prática seus desejos carnais e suas vontades pessoais.

Nunca devemos tentar mudar o que está escrito pelo Pai. O que Ele escreve não se apaga, não se muda sequer uma vírgula. Sua *vontade* sempre se cumpre, mais cedo ou mais tarde.

O *poder* ilusório das coisas materiais leva muitas almas a se perder nos caminhos trilhados pelo Criador, mas jamais conseguimos ficar ocultos diante do olhar de Deus.

Fomos criados pelo Pai e para o Pai voltaremos; temos o dom do amor e outros dons maravilhosos que Ele nos concedeu.

Todo *dom* concedido por Deus é mérito Dele, não nosso. Não podemos nos deixar levar pela vaidade e pelo orgulho por termos recebido este ou aquele merecimento. Todo *dom* deve ser desenvolvido e trabalhado com humildade. Se muitas pessoas ao nosso redor não receberam o mesmo *dom* que nós é porque Deus espera que sejamos "homens de boa vontade" e façamos algo por elas, intuídos pela Sua *vontade*.

Nesta história, poderemos analisar e chegar à conclusão de que houve um grande desperdício dos bens terrenos, sempre concedidos pela *vontade* do Pai. Os encarnados envolvidos em seus dramas pessoais deixaram de participar de muitas obras, as quais poderiam ajudar a colocar diversas almas no caminho da educação e do crescimento espiritual.

Tudo o que reunimos de bens materiais na vida carnal, mesmo que fruto de trabalho justo e honesto, é por *vontade* de Deus. Por isso, temos a obrigação de aprender a administrar estes bens, não permitindo que o orgulho e a vaidade ceguem a visão da consciência; temos que somar (trabalhando com honestidade), dividir (gerando empregos, contribuindo e participando de programas educativos e sociais etc.) e multiplicar (acompanhar o resultado das obras), pois um dia teremos que prestar contas perante a espiritualidade de nossa boa ou má administração.

Espiritualmente falando, ter muitos bens materiais — ser rico — é uma grande responsabilidade, e ai de quem não souber administrar estes tesouros terrenos! No entanto, isso não significa que os pobres serão salvos, pois, em primeiro lugar, Deus não possui filhos pobres. Se nosso Pai é rico, também o somos.

Devemos trabalhar com honestidade, a fim de melhorarmos nossas condições de aprimoramento pessoal e de lutarmos com muita dignidade por nosso pão de cada dia.

O universo é riquíssimo! A prosperidade vem sempre nos caminhos de quem a procura. Busque e achará!

Maria Nazareth Dória

I

Amargas recordações

Sentado à beira da piscina, o respeitável maestro observava uma nuvem que passava ligeiramente, cuja sombra apressada formava uma estranha figura sobre as águas. "É o fantasma de minha consciência", condenou-se ele, observando o fenômeno.

O vento da primavera soprava carinhosamente os canteiros floridos, uma doce fragrância perfumava o ar, o silêncio era quebrado apenas pelo canto dos pássaros.

O maestro contemplava o cenário da natureza, enquanto seus dedos tocavam uma foto no jornal e seus pensamentos o levavam de volta ao passado. Com o olhar fixo num ponto qualquer, aparentando não estar interessado em nada, mentalmente ele fazia uma regressão — o passado lhe mostrava cenas que ele imaginava ter esquecido.

Seu fiel amigo de infância, sentado debaixo de uma árvore, observava-o. Ele, tão amante da natureza, parecia não prestar atenção à sua volta. Continuou fingindo ler o romance espírita que tinha em mãos, mas estava mesmo era observando o patrão.

Além de ser o motorista da família, o fiel empregado também era amigo íntimo do maestro. Haviam crescido juntos, conheciam-se como as palmas das mãos.

Como se não tivesse entendido ou acreditado no que acabara de ler no jornal, o maestro tornou a abrir a página e agora lia as notícias bem devagar; tentava descobrir entre os cabelos e barbas longos do rapaz alguma semelhança entre ambos.

Ali estava seu filho, e, por obra do destino, eles se encontrariam num festival, onde as grandes personalidades mundiais da música representariam seus países. O destino se encarregava de colocá-los frente a frente. O maestro já sofria, prevendo o encontro.

Não muito distante dali, o fiel motorista tentava adivinhar o que poderia estar acontecendo com o maestro; nunca tinha visto o amigo tão sério, triste e compenetrado. "O que está acontecendo?", pensou o amigo.

Algo não parecia bem. O maestro estava abatido e calado. Em geral, quando estavam na fazenda, ele passava o tempo todo andando, falando e dando idéias aos empregados, mas desde que deixaram a cidade o maestro estava sisudo e pensativo, falando apenas o necessário.

Teodoro entendeu esta atitude como cansaço. Às vezes, isso era normal; porém, bastava uma noite de sono na fazenda e o maestro acordava alegre e disposto. Ele aguardaria um pouco mais. Caso o maestro continuasse naquele estado, se aproximaria devagar e tentaria descobrir o que estava acontecendo.

O maestro fechou o jornal e respirou profundamente. Por acaso, Deus estaria lhe cobrando os reparos do passado? Ele não poderia dispor dos sentimentos de tantas pessoas. O peso que trazia na consciência já era o bastante.

Como num passe de mágica, as lembranças, agora transformadas em remorso, mostravam-lhe cenas que, se pudesse apagar da memória, certamente o faria.

Ele estava no início da carreira, era muito jovem e cheio de sonhos, as portas do sucesso abrindo-se... Em três anos de trabalho, havia conquistado um espaço de respeito entre os melhores músicos de sua época, compôs belas canções e logo seu nome tornou-se uma lenda. Seu empresário, homem influente e respeitado no meio artístico, disputado pelas grandes estrelas, estava promovendo uma festa, onde apresentaria à elite sua filha, que completaria dezoito anos.

Ele se lembrou da foto de uma garota de aproximadamente nove anos, franzina e sem graça, que ficava bem à vista, no escritório do empresário.

"Como estaria aquela menina?", pensou.

O pai, orgulhoso, mostrava aos amigos a foto da filha, dizendo ser ela a pessoa mais importante de sua vida.

Ele sabia que seu empresário se havia separado da mãe da menina, mas mantinha boas relações com ela. A filha morava no exterior com a mãe e o padrasto, e ele, sempre que podia, ia visitá-la.

Chegada a grande noite, ele seria um dos músicos a homenagear a jovem com sua mais recente canção, no auge do sucesso. Aceitou o convite, por se tratar da filha de seu empresário. No entanto, uma surpresa o aguardava: ao ser apresentado a Maria Luiza, sentiu que nunca mais poderia esquecer ou viver sem aquele doce e meigo olhar; jamais imaginou que pudesse existir alguém com tanta doçura, beleza, classe e inteligência como Maria Luiza.

Acostumado ao assédio das mais belas mulheres da alta sociedade, sentiu-se frustrado. A bela Maria Luiza, apesar de gentil e muito educada, não demonstrara nenhum interesse por ele.

No dia seguinte, contratou os serviços de uma fina floricultura e, de hora em hora, chegavam flores e mais flores na residência do empresário, acompanhadas de cartões apaixonados. Uma semana depois, os dois estavam se encontrando longe da imprensa, às escuras, mas com o consentimento do pai da moça, que via com bons olhos o romance entre eles, já que o rapaz era de boa família, um ídolo mundial, e ele, como pai, teria a chance de conviver um pouco mais com a filha, uma vez que era o empresário do músico.

Fora amor à primeira vista o que acontecera entre eles. Aproveitaram todos os momentos que puderam. A impressão que tinham era de que sempre se conheceram.

Mas chegara ao fim as férias da jovem e ela precisava voltar. Na despedida, ainda abraçado a ela, o maestro se perguntava: "Como poderei viver longe dela?"

Um dia depois da partida da amada, trancado em seu apartamento, ele acabava de compor a música que o eternizaria para sempre. Cada nota musical fora tirada do coração, eram o sentimento e a saudade colocados na canção, despertando em outras almas o calor do verdadeiro amor.

A vida de um artista famoso não é nada fácil. Tendo isso em vista, seus compromissos com a música o levavam para muitos lugares distantes. E foi numa dessas viagens, sentindo-se carente e sozinho, que ele conheceu e envolveu-se com uma moça bonita e inteligente que cursava medicina.

Filha de médico e proprietário de um grande hospital, Márcia confessou-lhe a grande admiração que sempre tivera pelo pai — pretendia seguir seu exemplo. Por outro lado, ele não omitiu da jovem o grande amor que sentia por Maria Luiza e disse-lhe que não poderia prometer nada a ela, já que seu coração estava comprometido com outra pessoa.

Márcia, apaixonada, revelou não se importar com o fato, pois tudo o que queria era ser feliz. Ela também tinha muitas coisas para fazer, não estava pensando em casamento...

A temporada acabou. Enquanto guardava alguns objetos pessoais, ele pensava em Márcia. Se não fosse apaixonado por Maria Luiza, talvez se apaixonasse por ela, a mulher ideal para qualquer homem.

Márcia havia se despedido dele com lágrimas nos olhos. Abraçou-o, desejando-lhe muito sucesso na carreira e dizendo que estaria torcendo por ele e por Maria Luiza. Confessou não se ter arrependido de ficar com ele, mesmo sabendo do seu amor pela outra jovem.

Assim, o tempo passou, e ele se esqueceu de Márcia por completo. Jamais soube dela ou do que fizera de sua vida. Tivera muitas e muitas aventuras, que nada significaram para ele — apenas Maria Luiza preenchia seu coração.

Três anos se passaram. O público aguardava ansioso pelo casamento do maestro com a bela Maria Luiza. Ambos eram manchete em todos jornais e revistas do país.

O tempo continuava a passar. O maestro, amado e respeitado pelo público, sempre citava em suas entrevistas a paixão que nutria pela esposa e a importância dela em sua vida, que jamais poderia desempenhar seu trabalho longe dela.

Após dez anos, suas filhas gêmeas, Angélica e Hortência, estavam com sete anos de idade. Ele amava a natureza e tinha verdadeira paixão pelas hortênsias e angélicas que enfeitavam sua mansão.

Uma tarde, ao chegar no escritório, a secretária passou-lhe um recado fora do comum: um famoso cirurgião queria falar-lhe com urgência.

O maestro estranhou. Não lhe passava pela cabeça o que poderia um médico querer com ele. Não tinha nenhuma relação com aquele cirurgião e desconhecia que Maria Luiza tivesse procurado seus serviços. Retornaria a ligação, mas com certeza tratava-se de um engano!

Entrando em contato com o médico, este lhe sugeriu um encontro o mais breve possível, dizendo tratar-se de algo muito importante, que dizia respeito a ele e só poderia ser tratado pessoalmente. Pediu sigilo absoluto, que ele não comentasse com ninguém que se encontrariam.

O maestro ainda insistiu para que o médico lhe adiantasse o assunto, mas este deixou bem claro que precisavam conversar pessoalmente e a sós, que a conversa era confidencial, permitindo que ele escolhesse o local, podendo ser ou não no próprio hospital.

Temendo que a imprensa o visse entrando no hospital e divulgasse algum falso noticiário sobre sua saúde, preferiu marcar o encontro em outro lugar.

Marcaram de se encontrar no dia seguinte, à tarde, num salão de chá bem discreto e afastado, onde jornalistas curiosos, que vivem cercando as celebridades, não pensariam em estar.

Naquela noite, ele demorou a pegar no sono; estava tenso. Maria Luiza, preocupada com o marido, perguntou-lhe se ele estava sentindo algo. Para disfarçar, ele disse estar compondo uma nova música. Maria Luiza sabia que, quando o marido começava um trabalho novo, só sossegava quando terminava.

Na hora marcada, ele chegou ao local. A recepcionista o recebeu dizendo que ele estava sendo aguardado e o levou até um reservado, onde o médico já o esperava. Após os cumprimentos, o maestro, intrigado com a situação, falou:

— Estou aqui para ouvir o que o senhor tem para me dizer de tão confidencial, doutor!

O médico, servindo-se de uma xícara de chá, respondeu:

— Eu poderia calar-me para sempre, mas existe algo dentro de mim, chamado consciência, que me vem cobrando a atitude de hoje. Não pretendo me prolongar no assunto, maestro. Procurarei ser direto com o senhor. Lembra-se de uma moça chamada Márcia, estudante de medicina, que o senhor namorou há mais ou menos treze anos?

O maestro empalideceu. Rapidamente, a imagem de Márcia surgiu em sua mente.

— Sim, conheci uma moça com este nome. Mas o que isso tem a ver com a nossa conversa?

— Sou o pai dela — respondeu o médico. — Minha filha está casada e mora em Paris. Ela e o marido trabalham juntos num projeto fantástico para a medicina futura. Ambos são cientistas e têm dois filhos, ou seja: tenho dois netos em Paris e outro que não posso abraçar.

O maestro fez menção de falar, mas o médico fez um sinal com a mão, pois ainda não tinha terminado de falar.

— Estou muito doente. Sei que não vou durar muito tempo e não posso levar para o túmulo este segredo. O neto que não posso abraçar é seu filho, maestro! Minha filha acredita que o filho de vocês faleceu logo após o nascimento, e isso não é verdade. Ele simplesmente foi trocado por um bebê morto, filho de um grande amigo meu. Por coincidência, no dia em que Márcia dera à luz, a esposa desse médico, que estava no hospital havia mais de um mês na tentativa de salvar o filho e a própria vida, teve que ser levada às pressas para a sala de cirurgia e o bebe não resistiu. Eu mesmo fiz a cirurgia dela e sabia que minha filha estava sendo preparada para entrar na sala de parto. Naquele momento, sustentando aquele ser natimorto e vendo uma mãe dar a própria vida por ele, me veio um pensamento: "Esta criança poderia ser de Márcia".

Sabe, minha esposa nunca aceitou a gravidez da filha. Ela entrou em depressão e não aceitava que ninguém se referisse à criança como seu neto. No último mês de gravidez de Márcia, ela viajou para a Europa, pois não queria estar presente quando o bebê chegasse. Exigia de mim, todos dias, que tão logo a criança deixasse o hospital deveria ser entregue aos cuidados das irmãs religiosas, de uma instituição que abrigava crianças órfãs. Ela já tinha tomado todas as providências quanto à entrega da criança; pagaríamos o que as irmãs exigissem pelo resto da vida, se fosse preciso, mas a criança deveria viver longe de nós.

Naquele dia frio, as enfermeiras trocariam de plantão às dezenove horas. Eram quase seis e meia da tarde e saí com aquele pensamento martelando minha mente, quando encontrei meu amigo debruçado e chorando: seu filho estava morto! Como daria a notícia à esposa? Ela não poderia ter outros filhos, e aquela criança era tudo o que queria na vida. Em seguida, a enfermeira veio correndo e me disse: "Seu neto acabou de nascer! É um menino forte, lindo e perfeito! Sua filha passa bem. Está tudo em ordem".

Arrastei meu amigo e quase sem pensar lhe disse: "Álvaro, por favor, fique com meu neto! Eu lhe peço, pelo amor de Deus, que tome este menino como seu filho e entregue-me o seu. Consolarei minha filha e farei o enterro dele como sendo o filho que ela dera à luz.

"Você enlouqueceu? Isso é um absurdo!"

"Não, não estou louco, mas apenas tentando salvar meu neto de uma prisão, dar a ele uma família, e sei que você e sua esposa poderão dar a ele o que eu não poderei lhe dar."

Contei a Álvaro sobre o destino que estava reservado ao garoto. Em seguida, saímos andando e fomos visitar Márcia. Ela estava descansando e chorou quando me viu. A primeira coisa que perguntou foi: "Como está meu filho? Viu como ele é lindo, papai?"

"Fique calma, está tudo bem. Realmente seu filho é lindo. Descanse, pois estou aqui para qualquer coisa que você precisar", respondi.

Depois disso, eu e Álvaro fomos até o quarto onde a esposa dele se encontrava. Ela ainda dormia, pois estava sob o efeito dos medicamentos. Olhei aquele rosto sereno e falei em voz alta: "Assim que Raquel acordar, você trará o filho para ela conhecer".

Ao sairmos do quarto, Álvaro tocou meu ombro e disse: "Vamos pensar bem antes que ela acorde. Ainda é tempo de desistirmos dessa idéia".

"Álvaro, ajude-me a ter paz. Não posso perder minha família, mas você pode salvar a sua com esse bebê e fazer com que ele seja feliz", respondi.

Dirigimo-nos ao berçário. A enfermeira de plantão ainda não havia retornado, apenas as auxiliares estavam lá, aguardando a chefe para poderem trocar de plantão. Chamei na sala ao lado a enfermeira-chefe e sentamos os três. Eu disse a ela: "Dona Lúcia, meu neto está morto, mas o filho do doutor Álvaro está vivo. Houve um engano e estamos aqui para reparar isso".

Ela tentou dizer algo, quando acrescentei: "Amanhã mesmo a senhora pode trazer todos os seus documentos, pois vamos aceitar seu pedido de aposentadoria. A senhora receberá uma bonificação para comprar a casa de seus sonhos em sua terra natal. As crianças já estão nos devidos lugares; dispensamos as auxiliares do berçário minutos antes da entrada das outras plantonistas. Está tudo em ordem, fique tranqüila".

"Sim, senhor. Nada tenho a dizer senão muito obrigada."

Assim foi feito. Com o coração sangrando, dei a notícia a Márcia. Pensei que também fosse perdê-la, tamanha era a sua dor. Senti uma pontada no coração ao vê-la apertar o corpo morto contra o peito e perder o fôlego. Naquela hora, daria tudo para voltar atrás com a minha loucura, mas já estava feito.

Não tão longe dali, Raquel, radiante, chorava de alegria olhando para meu neto. Meu amigo, cabisbaixo e chorando, apenas a observava.

Fizemos o enterro do pequeno natimorto. Álvaro acompanhou-me e choramos em silêncio, cada um com sua dor. Ali estava sendo enterrado um segredo. Juramos nunca mais tocar no assunto. Deixamos o cemitério e seguimos para nossas casas.

Depois disso, a enfermeira-chefe foi embora para sua terra natal e eu nunca mais tive notícias dela. Márcia foi se recuperando aos poucos, fez muitos estágios fora do país, conheceu o marido num desses congressos, minha esposa voltou a ter paz e tudo voltou ao normal, menos a minha consciência.

Algum tempo depois, Álvaro foi convidado para trabalhar num dos mais conceituados hospitais da Europa. Partiu levando a família e perdemos o contato. Acredito que, no fundo, nós dois demos graças a Deus por isso.

Enfim, cada um dos envolvidos nesta trama seguiu seu rumo. Eu, porém, passei todos estes anos carregando este peso sozinho. Como sei que vou morrer logo, passo o fardo a você.

Como meu, será seu castigo carregar este segredo, maestro, e você nada poder fazer. Não temos o direito de revolver a poeira que já se assentou no chão. Em que ajudaríamos contando a verdade? Tiraríamos apenas um peso de nossas consciências e poderíamos colocar outros tantos bem maiores, como separações conjugais, revoltas e muitas outras coisas. Por favor, maestro, ajude-me a partir deste mundo um pouco mais aliviado. Que nossa conversa morra conosco.

Ambos ficaram alguns minutos em silêncio. A cabeça do maestro doía, um aperto no peito dificultava-lhe a respiração.

O maestro olhou para o médico e perguntou:

— Por que Márcia não me procurou?

— Eu e minha esposa descobrimos a gravidez de Márcia quando ela já estava no quarto mês. Nós a pressionamos a dizer quem era o pai, pois desconhecíamos qualquer relacionamento amoroso dela. Exigimos tanto que ela finalmente confessou o envolvimento que teve com o senhor. A princípio, pensei em procurá-lo não para casar-se com ela, mas para dar-lhe uma lição; porém, minha esposa, com toda a sua revolta, teve momentos de lucidez quando me pediu para esquecer seu nome. Deveríamos, sim, afastar Márcia da sociedade até que tivesse o filho, o qual seria criado bem longe de nós.

Naquele encontro, o maestro pensara em ficar alguns minutos com o médico desconhecido, mas acabara ficando mais de três horas. Já escurecia quando se despediram. Depois, em suas reflexões, lamentou consigo mesmo não o ter conhecido antes, pois se tratava de um homem formidável.

Dois meses depois, ficou sabendo da morte do médico pelos jornais. Ele se tinha ido e agora era sua vez de carregar aquele peso na consciência por toda a vida.

Às vezes, olhando as filhas, ele se perguntava como seria aquela criança. Ele tinha um filho que jamais poderia chamá-lo de pai.

Em transe, conversando consigo mesmo e sustentando entre as mãos o jornal, o maestro despertou com a chegada de seu motorista, que trazia uma bandeja e dois copos com suco de laranja.

— Posso me sentar a seu lado? — perguntou o motorista.

— Claro, Teodoro! Sente-se.

— O que há de tão interessante neste jornal que você já leu e releu várias vezes? — perguntou Teodoro, entregando-lhe o copo com suco.

— Como lendo e relendo o jornal? Deu para me espionar agora? — respondeu o maestro, enquanto engolia o suco.

— Gilberto, há quantos anos nos conhecemos? Há quanto tempo temos andado juntos por esta vida afora? Nossas mulheres falam, com toda razão, que passamos muito mais tempo um ao lado do outro do que ao lado delas! Isso é o bastante para sabermos quando as coisas não vão bem entre nós. Acredito que ainda sou confiável. Seja o que for, divida comigo. Estou preocupado, sim. Em todos estes anos, nunca o vi nesse estado.Você está doente, Gilberto? Pelo amor de Deus, fale comigo! Algo não está certo! Posso ver este jornal?

Sem responder, o maestro entregou-lhe o maço de papel que tinha nas mãos.

Teodoro correu os olhos pelas páginas do jornal, não encontrando nada de especial. Aliás, em uma coluna muito bem escrita, o trabalho do maestro estava sendo elogiado.

Na primeira página, estava a foto do mais novo ídolo da música clássica. Com notoriedade, falava-se do encontro dos dois grandes músicos e uma comparação era feita entre eles: havia algo em comum em seus estilos.

— Fique tranqüilo, Teodoro, minha saúde está excelente. Estava aqui pensando que estou ficando velho. Imagine só, minhas filhas vão completar dezoito anos. Lembrava-me da festa de dezoito anos de Maria Luiza. Lembra-se?

— E como eu poderia esquecer se você me obrigou a fazer aquela loucura no dia seguinte? Acredito que a floricultura tenha lucrado num só dia o que não se lucra em um ano de trabalho! Mas, cá entre nós, isso é motivo para você cair nessa depressão? Está com medo da quantidade de flores que será enviada para sua casa? Sei da loucura que você tem por suas filhas, pois também tenho pela minha, mas sabemos que, mais dia, menos dia, elas se vão! Vamos deixar de lado a tristeza e dar umas voltas por aí? Temos que aproveitar a parte da manhã. Você se esqueceu de que à tarde nossas mulheres, filhos e amigos estarão enchendo essa casa de risos e alegria?

— Tem razão. Não vejo a hora da Maria Luiza chegar! A presença dela me acalma em qualquer situação.

— Olha aqui, Gilberto, ainda acho que você me esconde algo. Sempre procurei ajudá-lo em tudo. Até mesmo quando você saía da linha, eu contornava a situação para a imprensa não levar os fatos aos ouvidos de Maria Luiza. Lembra-se de uma vez em que ficamos três meses naquele hotel à beira-mar e quando deixamos o teatro você me obrigou a vestir suas roupas e você as minhas? Confesso que até gostei de estar no seu lugar! Você ia dirigindo, fingindo ser o motorista, me deixou no hotel vestido de maestro e saiu vestido de motorista só para se encontrar com aquela loira... Huuum, deixe-me ver se lembro o nome dela... Ah! lembrei-me: Márcia! Na época, não quis lhe contar, mas seu sogro me fez várias perguntas sobre vocês dois. Não sei como, mas ele descobriu seu truque e seus encontros amorosos com ela. Ele me contou que, quando foi visitar Maria Luiza, encontrou Márcia com uma barriga imensa; queria saber detalhes sobre ela, e menti dizendo que naquele tempo ela era casada, que vocês tiveram um simples encontro e nada mais. Não sei se ele acreditou. Nunca lhe contei nada, mas ele chegou a desconfiar de que você fosse o pai do filho dela. Imagine que besteira! Ela já devia estar com o casamento marcado quando aceitou se encontrar com você às escondidas. Tão logo vocês se separaram, ela arrumou uma barriga. Ou seria mesmo seu filho? Gilberto, você não está metido em encrencas com mulher, está?

— Mas que besteira você está dizendo, Teodoro? Imagine se alguém nos ouve?! Depois que me casei, você me viu saindo da linha alguma vez?

— Bem, para ser sincero, não.

— Pois é! Já no seu caso, não posso dizer o mesmo! Se fosse contar para Adriana o que você já aprontou e ainda apronta por aí, principalmente quando andava vestido de maestro e dando autógrafos... Lembra-se da "modelo" que passou a noite com você no escuro? Lembra-se do que ela falou de mim para a imprensa?

— Ah! se me lembro! Você me deu férias e me mandou procurar outro emprego! Até reconheço que ali foi mal, mas não tive tanta culpa assim. Continuo dizendo que você ficaria mal falado de qualquer jeito. Se não a levasse comigo para o quarto, o que ela pensaria de você? Mas vamos parar com essas histórias porque mato tem olhos e paredes têm ouvidos. Se uma conversa dessa chega aos ouvidos de Adriana, viro um defunto mutilado e aí quero ver como sua consciência ficará!

— Tem razão, Teodoro. O peso de nossa consciência é o mesmo da cruz de Cristo.

— Mudando de assunto, Gilberto, vamos voltar para a capital amanhã ou depois de amanhã?

— Isso quem decidirá serão nossas patroas. Elas mandam e nós obedecemos! Você sabe disso melhor do que eu. Se eu ou você mandássemos em nossas esposas, não seríamos tão felizes. Vamos aguardar. O que elas decidirem, aceitaremos sem reclamar!

O maestro e o motorista andaram pelos arredores trocando idéias e em seguida foram almoçar. Teodoro notou que Gilberto esforçava-se para comer. Ele tentava disfarçar dizendo que tudo estava bem, mas havia algo ar...

✦ ✦ ✦

Já passava das três da tarde quando Gilberto e a esposa ouviram o som de buzinas. Dez carros estacionavam na imensa área coberta. Maria Luiza abraçou o marido e perguntou:

— Está tudo bem?

— Sim, está tudo em ordem por aqui — respondeu.

As meninas, como Teodoro costumava chamá-las, penduraram-se em seu pescoço, enchendo-o de beijos. Em seguida, começaram a puxá-lo, disputando para ver quem o beijava primeiro, e saíram correndo.

Hortência e Angélica eram gêmeas idênticas, mas apenas na aparência. Hortência era calma e meiga como a mãe. Angélica era diferente: afoita como só ela, vivia arrumando confusão em casa e na escola.

Teodoro ficou parado olhando as gêmeas e, rindo, comentou com a esposa:

— Parece que essas criaturinhas nasceram ontem e já vão completar dezoito anos!

— Pois é, nossa pequena Juliana nasceu ontem e veja o que ela já está fazendo — respondeu Adriana.

Não tão distante dali, Juliana estava abraçada a um dos rapazes do grupo de amigos que viera com ela, Hortência e Angélica.

Rindo da cara de ciúme do amigo, o maestro tocou-lhe o ombro e disse:

— Pois é, Teodoro, mais dia, menos dia, elas se vão, lembra-se?

— Deixe de bobagens! Eles não estão fazendo nada de mais! São apenas jovens! Melhor estarem diante dos nossos olhos do que às escondidas por aí — acrescentou Maria Luiza, convidando-os para entrar.

Com a chegada da família, o maestro esqueceu-se um pouco das preocupações e ficou observando Teodoro.

✦ ✦ ✦

Foi decidido que todos ficariam mais dois dias na fazenda. Houve muitas brincadeiras e passeios pelos arredores. No fim da tarde, o maestro saiu a cavalo com as filhas e os amigos, ficando Teodoro e Adriana com Maria Luiza.

Tão logo se retiraram, Maria Luiza convidou Teodoro para sentarem-se à beira da piscina.

— Estou muito apreensiva com Gilberto — disse Maria Luiza. — Tenho a impressão de que ele me esconde algo. Diga-me o que está acontecendo, Teodoro, já que vocês são a sombra um do outro? Estou preocupada. Gilberto não é de esconder nada, mas faz uma semana que não dorme, anda se esforçando para sorrir e sei que tem algo o incomodando.

— Maria Luiza, você bem sabe o respeito e a confiança que temos um no outro. Quando Gilberto coloca o pé fora de casa, lá estou eu também. Estou sendo sincero com você: não vi nada de anormal acontecendo. Depois do festival, vocês devem tirar umas férias; vai fazer muito bem a vocês dois.

— Bem pensado, Teodoro! Eu não tinha pensado nisso! Vamos esperar a festa das meninas e o "festival de concerto". Quero que você me ajude, pois não vamos deixar Gilberto agendar compromisso algum depois desse evento. Adriana, você fica responsável pelas minhas filhas enquanto estivermos fora?

— Claro, como sempre fiz, com todo prazer! Maria Luiza, você nem parece ser minha patroa! Como diz Teodoro, você nos dá tanta liberdade que até nos esquecemos de que somos seus empregados!

Maria Luiza respondeu:

— Você é uma irmã para mim e Gilberto! Podemos contar com a amizade e a lealdade de vocês. Somos abençoados com uma amizade tão sincera. Adriana, você me ajudou a cuidar de minhas filhas, que cresceram entre você e Teodoro. Elas têm duas mães! Mas devo confessar que me preocupo muito com Angélica, que é geniosa demais, tão diferente de Hortência.

— Deixe Angélica comigo, Maria Luiza — respondeu Teodoro. — Vou segui-la onde quer que vá. Ela pode xingar, gritar, que não me importo. Lembra-se de quando elas tinham quinze anos? Angélica não queria voltar comigo do colégio. Quando entrava no carro dos pais de alguma colega, eu a seguia. Era muito engraçada a maneira como ela olhava para mim, cheia de raiva.

— Sou muito grata a vocês dois! Somos uma família! Nunca vi Teodoro como um empregado, mas como um irmão de meu marido. E você, Adriana, tem sido uma verdadeira irmã para mim.

II

Iguais na aparência, diferentes na essência

Maria Luiza corria com os preparativos da festa das gêmeas, enquanto o marido fazia o mesmo com os preparativos do espetáculo. Teodoro estava atento ao comportamento do amigo, mas achava que tudo era fruto de ansiedade; afinal, Gilberto era um ser humano antes de ser artista.

Enfim, chegara o grande dia: a festa de aniversário das gêmeas. Mas, como de costume, houve um impasse entre elas: Angélica não abria mão de dançar a valsa com o pai e sugeriu que Hortência dançasse com o avô. Para evitar aborrecimentos, a irmã acabou aceitando. Aliás, sempre fora assim. Hortência cedia a tudo o que Angélica determinasse.

Maria Luiza chegou a sugerir que elas deveriam trocar de par durante o baile, pois assim ambas dançariam com o pai. No entanto, Angélica não aceitou e mais uma vez conseguiu o que queria.

Enquanto Gilberto se preparava para a festa, lembrava-se de que, dali a um mês, seu filho estaria chegando; apertaria a mão dele simplesmente como se fosse um colega. Mas o que o preocupava mesmo era Angélica: ela era possessiva, não aceitava perder e não tinha aprendido a dividir nada com ninguém.

Hortência era bem diferente. Meiga, educada e compreensiva, vivia escondendo as faltas da irmã, o que a fazia lembrar a mãe em tudo.

O maestro acertava o nó da gravata enquanto se recordava dos presentes das filhas: dois carros cobertos, escondidos, enfeitados com flores. As chaves estavam guardadas em uma caixa de jóia. Gilberto já advertira Teodoro de que ele acompanharia as meninas na autoescola e, depois que estivessem com a carteira de habilitação em mãos, deveria ficar de olho nelas, principalmente em Angélica.

Absorto em seus pensamentos, Maria Luiza entrou no salão apressando-o, fazendo-o voltar à realidade. Ele, admirado, ficou parado, olhando para ela. Ao lado das filhas ela parecia ser irmã delas, não mãe!

Maria Luiza era linda! De fato, ele era o homem mais feliz do mundo! Com o passar dos anos, ela ficara mais jovem e bonita.

Puxando a esposa para junto de si, falou:

— Maria Luiza, você não está linda! Ultrapassa tudo o que há de belo! Estou com ciúme. Você vai roubar as atenções de nossas filhas!

— Maestro! — respondeu ela em tom de brincadeira. — Vindo do senhor, acredito. Mas pode ficar tranqüilo que não vou desgrudar os meus olhos do senhor, que por onde passa provoca suspiros! Aliás, já se olhou no espelho, maestro? Haverá homem mais belo nesta festa?

Eles riram e saíram abraçados.

Outro motorista tinha sido contratado naquele dia, pois Teodoro era um convidado muito especial.

As gêmeas estavam sendo preparadas no espaço onde dariam a festa, e Adriana, esposa de Teodoro, ajudava-as, enquanto Teodoro fiscalizava se tudo estava em ordem, já que aquela era a festa mais importante que a família já tinha dado! Afinal, dezoito anos só se faz uma vez na vida.

Instantes depois, os convidados começaram a chegar. A imprensa toda estava presente. Um jornalista, que conseguiu se aproximar do maestro, perguntou:

— Maestro, como o senhor está se sentindo com a aproximação do grande encontro musical? E como se sente em ter sido considerado pela crítica um dos melhores do mundo?

— Sinto-me ansioso como todos os músicos que esperam por este dia! Afinal de contas, terei o prazer e a honra de participar de um dos mais importantes eventos musicais de nosso país!

— Maestro, não se fala em outra coisa senão neste concerto e são feitas comparações sobre as semelhanças de estilo do senhor e do jovem músico da nova geração. Alguns críticos falam que ele se inspirou no senhor. Isso é mera coincidência ou é verdade?

— Eu ficaria muito feliz e honrado se, de fato, alguém com tanto talento tivesse se inspirado em mim! Porém, acredito que ele tenha seu próprio estilo. Eu é que me sinto honrado de ser comparado a ele!

Após a breve entrevista, o maestro pediu licença aos repórteres, pois estava na hora de suas filhas chegarem. Maria Luiza deu-lhe o sinal, e ele e o avô das meninas foram recebê-las.

Angélica e Hortência foram recebidas com muitos aplausos e olhares de admiração, especialmente por Maria Luiza, cuja mãe e o padrasto estavam presentes e muito orgulhosos da família.

Após a valsa de apresentação, teve início a festa. As gêmeas estavam lindas e radiantes; todos os convidados queriam cumprimentar as meninas e os pais.

Angélica e Hortência receberam muitos presentes, mas Hortência emocionou-se mesmo com o presente e as palavras do pai, não conseguindo conter as lágrimas, a ponto de Adriana precisar corrigir-lhe a maquiagem.

Enquanto mordia os lábios tentando controlar o pranto, Angélica cutucava-lhe o pé. E ela entendia bem aqueles toques: a irmã dizia-lhe, com gestos, para não a envergonhar em público.

Já passava das três da manhã, e Angélica se divertia muito: estava adorando ser cortejada por muitos jovens artistas. Hortência, mais discreta, procurava dar atenção a todos os convidados.

Era tarde quando um amigo do avô das aniversariantes chegou acompanhado pelo neto. Imediatamente, o rapaz se tornou o centro das atenções de todas as jovens da festa. Ele era dono de uma beleza exótica, além de ser fino e educado.

Aquela era a primeira visita à terra natal de sua mãe. O jovem rapaz nascera na Grécia, país de sua família paterna. Os maiores e mais luxuosos navios que atravessavam os oceanos saíam dos estaleiros de sua família. Angélica foi apresentada ao moço e ficou fascinada por ele. Realmente, ele era um deus grego. "Não é apenas rico, mas lindo demais!", pensava ela.

Com seu jeito de mulher que sabe o quer, Angélica tratou de arrastar o rapaz para dançar e imediatamente todos os olhares e flashes dos repórteres acompanhavam o casal pelo salão.

Após a dança, o jovem pediu para Angélica para que fossem até a mesa em que estavam seus avós, Hortência, Maria Luiza e Gilberto, no que foi atendido a contragosto pela moça. Ele olhava para Hortência com certo interesse, o que a fazia disfarçar, pois notara que a irmã estava interessada nele.

Após alguns minutos, Gregório levantou-se e, estendendo a mão, gentilmente pediu licença ao maestro dizendo ter dançado com uma de suas encantadoras filhas, mas gostaria de dançar com a outra, se ela decerto aceitasse.

Hortência sentiu medo ao cruzar seus olhos aos da irmã. Dançando com outro rapaz, Angélica olhava para ela, e Hortência conhecia muito bem seu olhar de desagrado. Assim, torcia para que a música terminasse logo, pois não queria aborrecer os pais, que tinham programado com tanto esmero e amor a festa de dezoito anos delas.

Por diversas vezes, Angélica tentou arrastar Gregório para dançar. Porém, muito educado, ele pedia desculpas e dizia preferir ficar à mesa com os demais. Mas Angélica não desistia. Permanecia perto dele o tempo todo e fazia-lhe mil perguntas, as quais geralmente eram respondidas pelo avô do rapaz, que, percebendo o interesse da moça pelo neto, ficou entusiasmado com a idéia, já que conhecia bem a fortuna que a família de Angélica possuía. Seria muito interessante um casamento entre eles; seria "unir o útil ao agradável".

Após refletir um pouco, o avô de Gregório pôs-se a observar as duas jovens e tirou as próprias conclusões: elas eram idênticas! Fisicamente, quem não fosse um bom observador, jamais notaria as diferenças. No entanto, ele notou que os olhos de Angélica eram mais vivos: ela tinha algo no olhar que a diferenciava da outra. Percebeu que o neto parecia interessado na moça de olhos serenos. Ele, particularmente, preferia a de olhar ardente. Além de mais sensual, ela era desinibida e muito mais alegre que a outra.

Discretamente, o avô convidou o neto para ir ao toalete. Abraçando-o, sussurrou baixinho em seu ouvido:

— Se você quer mesmo namorar uma das meninas, fique com Angélica. Ela me pareceu mais alegre e ardente que a outra.

Rindo, o neto respondeu:

— O senhor pode estar enganado quanto à de olhar manso! Já ouviu falar que sob as águas mansas de um rio há muitas surpresas? Sinceramente gostei mais da outra. Ela é discreta, requintada, tem um olhar doce e um jeitinho todo especial. A outra é direta demais para o meu gosto. Aprendi com meu pai que é sempre melhor escolher a ser escolhido!

— Bem — respondeu o avô —, pensando bem, você tem razão. Ambas são moças de família e de fortuna! É um tempero bom! Vai dar um gosto especial ao seu casamento. Se você puxou mesmo a seu pai, ele é grego e se casou com minha filha, que é brasileira. Assim, você também é grego e pode se casar com uma brasileira!

— Mas eu nem sei se a moça quer me namorar e o senhor já está falando em casamento?

— Como ela não quer namorá-lo? Alguma moça já lhe disse não alguma vez?

— Sinceramente? Nunca recebi um não, mas há sempre uma primeira vez!

Já amanhecia. Gregório entregou um cartão a Hortência e agradeceu a todos. Em seguida, despediu-se educadamente de Angélica, desejando-lhe muita sorte.

No caminho de volta, Hortência e Angélica entraram no carro e permaneceram caladas. O silêncio foi quebrado por Teodoro, que perguntou:

— Meninas, vocês estão prontas para aprender a dirigir?

— Farei o possível para não decepcionar meu pai — respondeu Hortência.

— E você, Angélica, o que pensa de seu carro novo? — insistiu Teodoro.

— Não penso nada! Não pretendo e não preciso aprender a dirigir! Afinal, paga-se um motorista para fazer o quê?

— Ah, Angélica, e o prazer de entrar naquele carrão, não conta? — perguntou Teodoro.

— Que prazer, que nada! E desde quando dirigir dá prazer a alguém? Quero experimentar outros prazeres!

— Angélica, tome juízo! Não é porque fez dezoito anos que você vai começar a fazer besteira, não é mesmo? — disse o motorista.

— E você pede só a mim para ter juízo? Por que você não diz isso para a sonsa Hortência, que cismou com o cara que eu estava a fim de namorar? Na festa, havia muitos rapazes interessantes, mas ela viu que me interessei pelo Gregório e caiu matando em cima dele!

Adriana, mulher de Teodoro, vendo o rumo que a conversa tomava, resolveu intervir. Antes mesmo que Angélica terminasse de falar, Adriana disse:

— Espere aí, Angélica! Não é bem como você está dizendo! Hortência não provocou nada! O rapaz foi que ficou interessado nela, o que todo mundo notou, até mesmo seus pais! Você dançou com quase todos os rapazes e cismou só com aquele? Será que não é birra sua com a Hortência?

Angélica não respondeu.

— Meninas — disse Adriana —, hoje foi um dia especial na vida de vocês! A festa estava linda! Amanhã, vocês poderão ver nos jornais, nas revistas e na TV a felicidade de seus pais e a beleza de sua festa de dezoito anos! Ou melhor: amanhã não, hoje! Vejam, o dia já está amanhecendo! — corrigiu ela, apontando para o horizonte.

Após a breve conversa, Hortência e Angélica entraram em casa, onde seus pais já as aguardavam. Tão logo viram as filhas, abraçaram-nas e beijaram-nas, recomendando que fossem para seus quartos descansar.

Angélica foi na frente, sem esperar pela irmã. Trancou-se em seu quarto, cheia de raiva e frustrada. Era a primeira vez que alguém a dispensava. Mas se Hortência estava pensando que namoraria Gregório estava muito enganada! Ela procuraria por ele, faria amizade com seu avô e tudo seria feita do seu jeito!

No meio da tarde, Hortência levantou-se, arrumou-se com simplicidade e desceu para o primeiro andar. Chegando lá, ficou assustada com a quantidade de flores espalhadas pela sala.

— O que é isso? — perguntou a jovem para a empregada, que entrava com mais uma cesta de rosas.

— São todas para a senhora! Desde cedo, não param de chegar flores! Todas elas vêm com um cartão. Acho que a senhora vai ficar a noite toda só lendo cartões! Nunca vi uma loucura dessas! Deve ser muito amor mesmo!

— Mas quem está me mandando tantas flores? — perguntou Hortência.

— Não sei! Eu não leria seus cartões, dona Hortência! Mas o rapaz da floricultura disse que as flores são da mesma pessoa. Aí, fiquei curiosa e perguntei por que só chegam para a senhora e não para a dona Angélica!

Venha, pegue este cartão que acabou de chegar! Assim, já saberá quem é o seu apaixonado! Se fossem para mim, apenas com uma cesta dessa eu aceitaria o pedido de namoro! As rosas são lindas!

Maria Luiza desceu as escadas abraçada ao marido. Ao chegarem ao primeiro andar, Gilberto ficou parado olhando a quantidade de flores que havia na sala. Ao ver a cena, Maria Luiza começou a gargalhar; não conseguia parar de rir. Quando pôde falar, disse:

— Quando fiz dezoito anos, aconteceu a mesma coisa comigo! Nunca contei para nossas filhas que o pai delas gastou todo o dinheiro de um concerto musical com rosas e cartões!

Aproximando-se da filha, Maria Luiza perguntou rindo:

— Hortência, quais são as suas e quais são as de Angélica?

Como Hortência gaguejava, a empregada foi em seu socorro, dizendo sem pensar:

— São todas de dona Hortência! Se for artista, esse rapaz terá que tocar muito para pagar tantas flores!

Atento a tudo o que acontecia, o maestro olhou para Maria Luiza e Hortência, procurando as palavras certas:

— Olha, filha, comigo e com sua mãe deu certo porque nós nos amamos desde o primeiro encontro. No seu caso, estas flores não deverão influenciá-la a namorar ninguém! Acredito que você terá todo o tempo do mundo para escolher seu amor.

Olhando para o marido, Maria Luiza respondeu:

— Vejam só quem fala! Não existe tempo para o amor! Se você quiser namorar, namore, filha! Seu pai é muito ciumento, mas sabe que você e Angélica precisam ser felizes — e continuou: — Vamos, Adélia, ajude Hortência! Vá trazendo todos os cartões! Não vou ler o que está escrito; apenas quero conferir se são da mesma pessoa! Se forem, com certeza ele está apaixonado por Hortência — disse ela, abraçando a filha, que estava corada diante dos pais. Em seguida, num grito, Maria Luiza disse: — Gregório!

Hortência tremeu os lábios. Abraçando-a, o pai disse:

— Se você gostou desse rapaz, filha, não me oporei ao namoro de vocês. Sua felicidade é o que me importa; afinal, minha menina completou dezoito anos!

Convidando a esposa para sair, o maestro acrescentou:

— Vamos deixar Hortência ler seus cartões em paz? Não vê que ela está encabulada?

Antes de sair da sala, Maria Luiza falou baixinho ao ouvido da filha:

— Gregório é um moço lindo! Seja educada e agradeça a ele o envio das flores; neste caso, isso é fundamental! Ligue para ele e o agradeça pessoalmente.

As mãos de Hortência suavam. Queria ligar para Gregório agradecendo as flores, mas ao mesmo tempo tinha medo de magoar a irmã. Nesse instante, Angélica chegou na sala. Arregalando os olhos, perguntou à empregada:

— De quem são estas flores?

— De sua irmã — respondeu a moça.

Aproximando-se de Hortência e fingindo alegria, Angélica olhou todas as cestas e então perguntou:

— Posso ver os cartões?

— Pode — respondeu Hortência.

— Você já ligou agradecendo a ele? — questionou Angélica.

— Não. Mamãe disse que eu deveria fazê-lo, mas ainda não estou certa disso.

— Quer que eu telefone por você? Claro que me identificarei como Hortência!

— Faça isso, mas, pelo amor de Deus, Angélica, não me comprometa!

— Comprometê-la como?

— Se ele quiser marcar algum encontro, dê uma desculpa qualquer, por favor.

— Está bem! Mas tem certeza de que é isso que você quer? Esqueça as besteiras que falei no carro. Ele não me interessa! Bem, vou ligar do meu quarto, volto já!

Após conseguir a permissão de Hortência para falar com Gregório, Angélica pegou o cartão e foi direto para o quarto. Enquanto subia, dizia para si mesma: "Me casarei com Gregório, custe o que custar!"

Já no quarto, ao telefone, fingindo a voz doce de Hortência, falando com calma, sem alterar o tom, Angélica agradeceu a Gregório. Entusiasmado, o rapaz fez um convite:

— Hortência, você não gostaria de ir ao teatro comigo? Está em cartaz uma peça que está fazendo muito sucesso!

Angélica pensou em como responderia a irmã e então disse:

— Agradeço muito seu convite, Gregório. Adoro teatro, mas não sei se poderei acompanhá-lo. Ainda não me acostumei à idéia de que já tenho dezoito anos. Até ontem, pedia consentimento a meu pai para sair, e ele sempre me aconselhava.

Do outro lado da linha, Gregório respondeu: — Você quer que eu vá pedir permissão a seus pais? Eu irei! Sinceramente, gostei muito de você, quero vê-la! Não tenho más intenções, fique tranqüila! Façamos assim: converse com seus pais e depois você me dá uma resposta, está bem?

Angélica respondeu com serenidade:

— Está bem, combinado!

— Vou sofrer enquanto aguardo a resposta, mas valerá a pena esperar — disse o rapaz, do outro lado da linha.

Radiante de alegria, Angélica pensava: “Prepararei o caminho que me levará até ele!”.

Após refletir um pouco, Angélica desceu as escadas em direção à sala. Aproximando-se da irmã, falou dissimulada:

— Hortência, Gregório a convidou para uma festa na casa de amigos. Senti tanta sinceridade nas palavras dele quando falou que gostou de você, que, como sei que você também gostou dele, deixei em aberto a resposta, dizendo que consultaria nossos pais e depois ligaria de volta. Veja, minha irmã, quero que você faça o que seu coração pedir. Esqueça minhas bobagens, pois não estou apaixonada por ele. — Abraçando a irmã, Angélica ainda falou: — Hortência, desculpe-me. Acho que durante todo esse tempo tenho sido estúpida com você.

Sabe que fazer dezoito anos nos obriga a pensar? Farei o possível para me corrigir. Quero ser parecida com você em tudo! Não apenas na aparência, mas também nas atitudes!

Emocionada com as palavras da irmã, Hortência abraçou Angélica com lágrimas nos olhos. Fingindo emoção, Angélica puxou Hortência pela mão, pedindo-lhe que fosse até seu quarto, pois queria lhe contar toda a conversa que tivera com Gregório.

Quando Maria Luiza e Gilberto entraram na sala, ainda puderam ver as filhas saindo abraçadas. Emocionada, Maria Luiza comentou:

— De vez em quando nossas meninas discutem, mas no fundo não vivem longe uma da outra!

Assim, pouco tempo depois, começava uma linda história de amor na vida de Hortência. Angélica, a irmã, sempre escolhia as roupas, os sapatos e as jóias que mais valorizavam a beleza da jovem.

Gilberto e Maria Luiza deram o consentimento para que Hortência e Gregório namorassem em casa. O rapaz passou a freqüentar a residência da moça e já fazia planos para se casar com ela, apesar de o maestro pedir calma, alegando que Hortência ainda deveria terminar os estudos.

Angélica parecia tranqüila, mas por dentro um vulcão de emoções explodia. Em sua dissimulação, demonstrava simpatia e gentileza para com o namorado da irmã, o que lhe permitia saírem juntos de vez em quando. Para disfarçar seus sentimentos, começou a namorar um jovem estudante de engenharia, filho de amigos de sua família, rapaz fino, educado e apaixonado por ela.

Maria Luiza era toda alegria. Vivia cantarolando pela casa, pois achava que tinha uma família perfeita. O que mais desejava da vida? Como forma de agradecimento, ajudava muitas instituições carentes, reconhecendo quanto Deus lhe havia favorecido os caminhos.

III
O passado volta com força

A cidade estava agitada, os hotéis mais luxuosos da cidade tinham sido preparados para receber as celebridades do mundo da música.

À noite, na hora do jantar, enquanto Maria Luiza tentava acalmar o marido, que andava muito tenso, o sogro do maestro, que também era seu empresário, disse:

— Gilberto, tenho uma surpresa: amanhã, vou levá-lo para conhecer o "gringo" que tenta tocar e compor como você! Mas devo confessar que estou muito frustrado! Em geral, faço rodeios e gasto muito dinheiro para tornar possíveis essas reuniões. Mas você sabe que foi o agente dele que me procurou propondo um encontro entre vocês? O cara quer conhecê-lo!

As mulheres presentes estavam de olhos arregalados.

— Quer dizer que o cobiçado músico poderá vir jantar em nossa casa?! — gritou Angélica. Deixando a mesa, a jovem pendurou-se no pescoço do avô e disse:

— Por favor, vovô querido, nunca lhe pedi nada, mas traga ele para jantar conosco! O papai tem um estúdio maravilhoso, nossa casa é linda! Por favor, vovozinho amado, faça isso por suas duas netinhas!

— É, vovô, se o senhor conseguir, vamos ficar muito contentes! — acrescentou Hortência.

— Meninas, meninas! — falou o avô. — Como posso prometer uma coisa dessas para vocês? Não conheço o sujeito! Ele está convidando seu pai; portanto, quem deve fazer o convite é o pai de vocês!

Pela primeira vez, Maria Luiza assustou-se com a atitude do marido, que bateu forte sobre a mesa e gritou:

— O avô de vocês não vai trazer ninguém aqui! Vou ao encontro do rapaz, e vocês parem com isso! Ele está a serviço. Vamos falar de trabalho, e vocês já não são duas adolescentes! Comportem-se!

— Calma, Gilberto, as meninas não fizeram por mal — respondeu o sogro, surpreso, já que o genro sempre fora um homem educado e paciente com as filhas.

Maria Luiza, que estava atenta a tudo, olhou magoada para o marido, já que isso nunca havia acontecido entre eles. “O que estará acontecendo com Gilberto?”, pensava.

O maestro estava pálido. Após o rompante, baixou a cabeça e pediu desculpas para as filhas, que se sentaram em silêncio. Durante todo o jantar, ninguém mais trocou uma palavra sequer nem saboreou a comida.

Após a ceia, o sogro de Gilberto acertou os detalhes de onde seria o encontro do dia seguinte. Maria Luiza e as filhas permaneciam caladas. Em seguida, resolveram acompanhar o velho senhor até o carro.

O pai de Maria Luiza despediu-se dela dando-lhe um beijo na testa e dizendo:

— Tenha calma, minha filha, às vezes o cansaço deixa as pessoas agressivas.

Em seguida, sussurrando, pediu para as netas:

— Não fiquem aborrecidas, minhas queridas. Darei um jeito de levar o jovem maestro à minha casa e aí, sim, convidarei vocês! Não fiquem aborrecidas nem magoadas com o pai de vocês, pois ele está cansado e nervoso. Afinal, não é fácil ensaiar todos os dias e por tantas horas.

Naquela noite, Gilberto mal fechou os olhos — suspirava fundo. Maria Luiza, a seu lado, perguntou se ele desejava um chá, sugerindo-lhe que seria bom procurar um médico para fazer seus exames periódicos. Sem lhe dar atenção, deitado, de olhos fechados, mas acordado, o maestro imaginava o filho entrando em sua casa, deixando as irmãs em polvorosas emoções. "Meu Deus! Isso não pode ser verdade! Como explicarei a elas que ele também é meu filho? Como falarei isso para Maria Luiza?", pensava em desespero.

Com lágrimas nos olhos, Gilberto abraçou a esposa e disse:

— Maria Luiza, perdoe-me pelo que aconteceu há pouco no jantar.

Chorando também, Maria Luiza perguntou:

— Gilberto, o que está acontecendo?

— Querida, estou cansado, desanimado, com vontade de parar tudo.

— Gilberto, acho que você deveria marcar uma consulta médica, fazer os exames de rotina. Afinal, você já não é mais um garoto para ficar até altas horas da noite ensaiando!

No outro dia cedo, Gilberto levantou-se e foi até sala de ginástica. Teodoro, que estava por perto, pôde observar as olheiras ao redor dos olhos do maestro, mas infelizmente não sabia o que estava acontecendo, já que seu amigo vivia fechado consigo mesmo. Já não conversavam nem brincavam como antes.

— Não dormiu bem, Gilberto? Você está com olheiras profundas — comentou o motorista.

— O festival, os ensaios estão me deixando exausto! Sinceramente, ando pensando se não é hora de dar uma parada com tudo e ir passar uns tempos na fazenda, longe de tudo e de todos!

— Você quer a minha sincera opinião? — perguntou o motorista.

— Quero! — respondeu o maestro.

— Quando terminar este festival, pegue Maria Luiza e façam uma viagem. Saiam do país, pois do contrário vocês não descansam. Eu fico aqui cuidando das meninas. Você sabe que para mim elas são como filhas, não é?

— Disso não tenho dúvida, Teodoro. Você é um amigo e tanto! — respondeu o maestro, suspirando.

— Há mais de um mês, eu e Adriana tínhamos falado com Maria Luiza a esse respeito. Ela também acha que será muito bom para vocês dois saírem um pouco — acrescentou o motorista.

— Acho que você tem razão, Teodoro. Estou com vergonha de olhar para Maria Luiza. Ontem à noite, gritei com ela e com minhas filhas na frente do meu sogro, em pleno jantar! Justo ela que é tudo para mim, uma companheira e tanto!

— Gilberto, você está louco? Como pôde ter feito isso? De fato, você precisa se cuidar! Vá tomar seu banho e espere Maria Luiza descer; em seguida, peça-lhe perdão de joelhos! Desculpe-me a intromissão, mas tenho intimidade suficiente com vocês dois para pedir-lhe isso. — Ambos ficaram em silêncio e por fim o motorista falou: — Meu irmão, o que está acontecendo com você? Pelo amor de Deus, Gilberto, se você quiser, também me ajoelho a seus pés! Juro pela vida de minha filha que não abrirei a boca nem com Deus sobre o que ouvir da sua boca, mas por favor fale-me o que está havendo! Algo não está certo, venho observando isso já há algum tempo!

— Teodoro, existem verdades que nem nós mesmos acreditamos serem verdadeiras — respondeu o maestro, com olhos rasos de lágrimas.

— Ficarei em silêncio, apenas quero ouvi-lo — respondeu o motorista, pálido.

— Abrirei meu coração — disse o maestro. — Você é meu único e verdadeiro irmão. Sei que posso confiar em você. Sabe, Teodoro, não sei o que Deus espera de mim, o que quer fazer comigo, pois a cada dia que passa sinto-me cercado pelo passado e não estou conseguindo encontrar uma saída. Fiz um juramento há muitos anos: o de que levaria este fardo comigo para o túmulo. Até agora, vinha cumprindo minha promessa, mas o destino ou o dedo de Deus apontou para mim, obrigando-me a fazer coisas que não estavam na programação de minha vida. Teodoro, você se lembra daquela estudante de medicina que conhecemos naquele festival de verão há tantos anos?

— Lembro-me — respondeu o motorista. — A loira chamada Márcia!

— Certa vez, você me disse que meu sogro a tinha encontrado com uma barriga imensa, não é verdade?

Teodoro balançou a cabeça afirmativamente; sua respiração estava ofegante.

— Sim, foi o que ele me disse. Mas o que isso tem a ver comigo e com você?

— Ouça-me e entenderá. Você se lembra de que, há alguns anos, você me levou a um encontro estranho, com um médico desconhecido? —Teodoro balançou a cabeça, concordando. — Lembra-se também de que você ficou me esperando mais de quatro horas? Lembra-se ainda de que inventei uma história louca de que ele queria me propor uma sociedade? A verdade era outra bem diferente. Aquele médico era o pai da estudante de medicina!

Teodoro transpirava, balançando a cabeça. As lembranças vinham-lhe à mente.

— Pois é, meu amigo, desde então carrego esse segredo comigo. Naquele dia, fiquei sabendo que era o pai do filho de Márcia! E sabe com quem vou me apresentar neste festival? Com meu filho! O rapaz que hoje me espera em seu quarto de hotel, o músico! O jovem maestro, o meu filho! — dizia Gilberto, enquanto lágrimas desciam pelos seus olhos.— Ontem à noite, gritei com Maria Luiza e com minhas filhas porque elas estavam tentando convencer meu sogro a trazê-lo até nossa casa! Sei que fui impulsionado pelo medo; minha reação foi um absurdo, jamais imaginei que seria capaz de tamanha brutalidade e ignorância! Imagine a minha situação, Teodoro! Não sei o que fazer!

Teodoro permanecia em silêncio, estava pálido. Passados alguns minutos, ele falou chorando:

— Gilberto, por que você não dividiu esse peso comigo antes? Por que carregou sozinho esse fardo?

— Teodoro, naquele dia, enquanto você me aguardava, eu fazia um juramento ao pai de Márcia, dizendo-lhe que jamais revelaria nosso segredo a ninguém. Esta é uma longa história. As mães envolvidas nesta trama foram enganadas, não desconfiam da verdade! Márcia acredita que seu filho morreu ao nascer, enquanto a outra acredita que está com o filho biológico, que, na verdade, morreu horas depois do nascimento. Apenas o avô materno do garoto, seu pai adotivo e uma enfermeira que se aposentou e mudou-se para os confins de sua terra, apenas três pessoas conheciam a verdade. O avô do menino me procurou, pois não queria levar para o túmulo este segredo, já que estava muito doente. O remorso acompanhou-o por toda vida.

Após nosso encontro naquela tarde, falamo-nos por telefone algumas vezes e dois meses depois ele morreu, deixando-me este segredo. Sinceramente, meu amigo, não sei o que fazer!

— Calma, Gilberto — respondeu o motorista, suando. — Tudo o que você me contou é muito triste, mas vamos procurar ter calma e pensar em que poderemos fazer. Ouvindo a história da paternidade do garoto, uma coisa alegrou-me e deve alegrá-lo também: o jovem rapaz puxou a você! É talentoso e responsável! Mas o pai adotivo dele sabe que ele é seu filho? — perguntou Teodoro.

— Sabe. E deve me odiar! — respondeu o maestro. — Li uma entrevista do rapaz em que ele declarou que o pai sonhava vê-lo formado em medicina, seguindo seu exemplo. No entanto, ele revelou aos repórteres que desde cedo envolveu-se com a música, que sentia seu pulsar nas veias da mesma forma que corria seu sangue. A mãe sempre lhe dera muito apoio. No início da carreira, o pai fizera de tudo para que ele desistisse. Nessa entrevista, ele disse que respirava música em cada um de seus poros e que amava muito o pai. Você pode imaginar o que senti lendo isso? Ninguém melhor do que eu para entender o que ele quis dizer sobre os sentimentos com relação à música!

— Gilberto — disse o motorista —, agora somos duas cabeças pensando nesse assunto tão sério e importante. Porém, nesse momento, o que você precisa mesmo é pedir desculpas para sua família pela noite de ontem, inclusive a seu sogro, que deve ter saído daqui preocupado com você.

— Tem razão, Teodoro, vou fazer isso agora mesmo! Minha mulher e minhas filhas não podem pagar por um erro meu.

— Isso mesmo! — respondeu o amigo.

— Vou tomar uma ducha e esperar Maria Luiza para o café da manhã.

— Se precisar de mim, estarei aqui — disse o motorista, arrumando os aparelhos de ginástica.

Enquanto colocava os aparelhos em ordem, Teodoro matutava: "Meu Deus, como poderei ajudar meu amigo? Essa é uma situação, de fato, muito difícil!"

O maestro passou a manhã com a esposa e as filhas, em clima de harmonia. À tarde, as moças foram para a faculdade, e o sogro ligou para ele, lembrando-lhe do compromisso que tinha com o músico.

A certa distância, Maria Luiza observava o marido. Por mais que ele tentasse disfarçar, ela sabia que ele lhe estava omitindo algo. Mas o quê?

Olhando para a esposa, o maestro tomou uma decisão e perguntou com firmeza:

— Maria Luiza, você pode me acompanhar neste encontro?

Tomada de surpresa, ela parou para responder:

— Poder eu posso. Mas não é um tanto quanto deselegante você me levar a um encontro cujos assuntos serão música, trabalho etc.?

— Por favor, Maria Luiza, faça-me companhia! Assim, poderei me livrar disso o mais cedo possível! Preciso descansar e, tendo você a meu lado, vou me sentir mais seguro.

— Tudo bem, vou com você, mas antes preciso organizar algumas coisas. Não estava na minha programação ir ao encontro de outra celebridade. Terei tempo de me arrumar? Como você vai vestido? Precisamos combinar, para não corrermos o risco de sair um de amarelo e outro de roxo — disse ela, rindo.

Após a conversa com Gilberto, Maria Luiza apressou-se em se arrumar, enquanto o maestro ficou ali sentado, na sala, analisando sua própria situação: estava levando a esposa para conhecer o próprio filho! Se um dia ela viesse a descobrir toda a verdade, o que poderia acontecer?

No saguão do luxuoso hotel, Gilberto foi recebido e encaminhado para a suíte do músico. Ao chegar lá, viu-se diante de um jovem alegre e desinibido. Antes de apresentar Maria Luiza, o músico perguntou:

— Caro maestro, esta é sua filha?

Gilberto corou e respondeu sem graça:

— Não, é minha esposa.

Sem qualquer inibição, o jovem gargalhou e disse:

— Ela é tão linda e tão jovem que passa por sua filha, maestro. Mas deve ser bom ter uma esposa invejável!

Após as apresentações, Gilberto e o jovem maestro conversaram sobre vários assuntos, inclusive sobre as músicas que seriam tocadas durante o festival. De fato, o rapaz era talentoso e responsável, observou o maestro.

Maria Luiza, que a tudo ouvia calada, sentia-se perdida na conversa dos dois músicos e não via a hora de ela e o marido poderem voltar para casa. Por outro lado, Gilberto, que queria a companhia da esposa exatamente para retornar mais cedo, agora parecia não ter pressa.

Já era tarde quando Maria Luiza e o maestro saíram do hotel, mas não antes de deixar em aberto outro jantar com o músico, que insistira tanto nisso, fazendo com que os novos amigos não tivessem outra alternativa a não ser marcar o encontro, mas desta vez fora do hotel.

Apesar de toda a simpatia, o jovem músico tinha algo estranho no olhar. Maria Luiza, que o observara com cuidado, percebeu que sentia um arrepio percorrer-lhe o corpo todas as vezes que seus olhos se encontravam com os do rapaz. Na verdade, tinha a impressão de conhecer aqueles olhos de algum outro lugar.

No caminho de casa, a jovem senhora desabafou:

— Meu Deus, não sirvo para ficar ouvindo essas conversas de vocês, músicos. Dói-me tanto a cabeça! No próximo jantar, que ficamos de confirmar o dia, poderíamos levar nossas filhas?

— Sinceramente? Não acho uma boa idéia! — respondeu o maestro. — Acho que podemos convidar seu pai, pois acredito que as meninas não se sentiriam à vontade. Mas tenha calma. Vamos ter tempo de conversar sobre isso, está bem?

— Está bem, Gilberto. Precisamos mesmo é chegar em casa, tomar um banho e cair na cama! Já é tão tarde!

— Este é o mal daqueles que têm a minha profissão, querida. Quando se envolvem com a música, o tempo pára, nos esquecemos da hora. Reconheço que mulher de músico é uma heroína, pois não se casa apenas com o homem, mas também com seu ofício.

Ao chegar em casa, após tomar um banho relaxante, o maestro dirigiu-se para a cama; no entanto, só conseguiu conciliar o sono quando o dia estava clareando. Deitado, procurou não se mexer para não atrapalhar a esposa, que adormecera tão logo se deitara. Parado, ficou observando o sono sereno de Maria Luiza, que parecia um anjo, faces coradas e cabelos brilhantes. Na realidade, ela parecia mesmo uma adolescente, o que o fez se lembrar do comentário do jovem músico.

Em suas reflexões, Gilberto perguntava-se como a vida de um homem podia mudar tanto de uma hora para outra. Ele, que convivera com aquele segredo durante anos, acreditando que o levaria consigo para o túmulo, agora percebia que o destino lhe pregava uma peça.

Em seus devaneios, questionava-se sobre o que Maria Luiza faria se soubesse de toda a verdade. Ele preferiria a morte ao ter de fazer sofrer aquela que tanto confiava nele.

Ali, deitado, velando o sono de Maria Luiza, Gilberto pôs-se a pensar em Márcia. Aliás, pela primeira vez na vida ele pensava em Márcia. Imaginava quanto ela sofrera, grávida, sem apoio e condições de sobreviver sozinha. Quando se deu conta da gravidade da situação, sentiu-se um canalha. Enquanto ele vivia tranqüilo e sem preocupações, ela enfrentava diversas dificuldades, carregando um filho dele no ventre.

Refletindo um pouco mais, lembrou-se da alegria que sentira quando suas filhas nasceram e imaginava como Márcia devia ter sofrido com a perda do filho, ainda mais sem o apoio dele.

Quanto mais divagava, mais Gilberto olhava para Maria Luiza, que dormia tranqüila.

"E como seria o sono de Márcia?", pensava. "Todos os dias olhando para dois filhos e faltando um?"

Com estes pensamentos, o maestro sentiu um nó na garganta, e uma lágrima correu pelo seu rosto. Lembrou-se da mãe, que sempre dizia que filho não é algo que se esquece com o tempo, mas uma alma que Deus confia aos cuidados de outra alma.

"Quantos momentos amargos Márcia deve ter enfrentado. Foi-lhe apresentado um filho morto, quando, na verdade, seu filho estava vivo e saudável. Santo Deus! Não foi justo o que fizeram com ela! Márcia não teve sequer a oportunidade de dar um beijo em seu filho! Pobre menino! Também não recebeu o calor da verdadeira mãe, que o amava e o queria muito", pensava Gilberto.

Assim como Hortência e Angélica tinham um irmão, os filhos de Márcia também o tinham, e este acreditava ser filho único. Em uma entrevista, o maestro se recordou, ele declarara que gostaria muito de ter irmãos. E, sem saber, tinha quatro!

Com muito custo, Gilberto adormeceu e imediatamente começou a sonhar com o médico, avô de seu filho. Estavam sentados em uma sala, parecida com um hospital. Pouco depois, um jovem médico, muito simpático, adentrou o local, e o avô de seu neto apresentou-lhe o jovem dizendo:

— Este é o doutor Henrique, o médico responsável por esta colônia. É o menino que um dia sepultei como sendo meu neto, o garoto trocado pelo seu filho. Veja como Deus é maravilhoso! Ele me adotou de verdade como seu avô! É especialista em recuperar espíritos que voltam para cá doentes e machucados, como no meu caso. Desde que readquiri minha consciência espiritual, tenho acompanhado o trabalho dele; são centenas de casos que chegam por aqui todos os dias. Henrique, filho, este é Gilberto, o músico de que lhe falei.

— Seja bem-vindo entre nós, meu irmão! Espero que este nosso encontro seja o início de uma grande conquista que teremos pela frente!

Após as apresentações iniciais, Henrique sentou-se ao lado do maestro e começou a falar:

— Senhor Gilberto, quando estamos encarnados, sofremos um tipo de amnésia espiritual e nos esquecemos de muitas coisas, o que é absolutamente normal entre os encarnados. Em relação a seu filho, o que tenho a lhe dizer é que o senhor e a mãe biológica do rapaz cometeram uma leviandade carnal, não medindo as conseqüências que poderiam surgir quando se envolveram num relacionamento impensado. O desejo carnal colocou entre vocês um filho, e a verdade resiste ao tempo. Mais cedo ou mais tarde, temos que prestar contas de nossos atos. Ocultar a verdade é crime. O remorso oculto em nossa consciência é uma arma poderosa, que está sempre apontada na direção de quem tenta se refugiar dela. E esta arma pode disparar a qualquer momento, bastando para isso que o dedo de Deus aponte em nossa direção. Pense no que lhe falei e conte com a minha ajuda em qualquer ocasião que se fizer necessária e permitida por Deus.

Em seguida, o jovem médico levantou-se e abraçou Gilberto, dizendo:

— Preciso ir. Estão à minha espera. Boa sorte, maestro. Que Deus o ampare sempre!

Após ouvir estas palavras, o maestro baixou a cabeça. Aproximando-se dele, o avô de seu filho disse:

— Gilberto, meu amigo, você já quebrou o lacre do nosso segredo, e o fez confiando-o ao seu amigo Teodoro. E fez muito bem!

Estaremos a seu lado, mas antes você deve preparar-se para enfrentar momentos dolorosos em sua vida. Precisamos quebrar mais este lacre, que oculta os direitos de tantas pessoas inocentes.

Nesse ponto da conversa, o maestro acordou assustado, sentando-se na cama. Estava transpirando e com a respiração ofegante. Maria Luiza, que também acordara, abriu os olhos e não pôde conter o espanto ao ver o marido naquelas condições:

— Gilberto, o que houve!? Você não está bem!? Vou chamar Teodoro agora mesmo! — disse, pondo-se de pé.

— Calma, Maria Luiza, foi apenas um pesadelo! Não é necessário chamar Teodoro, não estou passando mal! Estou ficando é velho e cansado! Não agüento mais essas noitadas! Vamos nos levantar, pois já é tarde. Que tal tomarmos um café e irmos para a fazenda? — sugeriu o marido.

— Você tem certeza de que está bem para viajar? — perguntou ela.

— Absoluta! — respondeu ele. — Pode chamar Teodoro e dizer a ele que vamos sair e relaxar um pouco. Estamos precisando é de ar puro! Podemos partir logo após o almoço, pois assim teremos tempo de conversar com as meninas e também de fazer algumas ligações.

— Está bem! — ela concordou. — Providenciarei tudo. Quando ligar para meu pai, diga-lhe que estou mandando um beijo e que ligo para ele assim que puder.

Enquanto tomava uma ducha, o maestro lembrava-se dos pormenores de seu sonho. Tudo lhe parecera tão real! Fora como um encontro marcado! O rosto daquele jovem ficara tão nítido em sua mente, que ele poderia desenhá-lo num papel.

Gilberto nunca fora homem de dar importância a sonhos, mas aquele, em particular, obrigara-lhe a se lembrar de cada detalhe.

"Terá sido um pesadelo pelo fato de eu estar tão tenso com a presença de meu filho?", pensava. "Acho que estou mesmo precisando me acalmar! Talvez até visite um médico! Acho que um remédio leve poderá me ajudar a manter a calma."

Na sala, Maria Luiza instruía a governanta, quando uma empregada apareceu na porta pedindo licença para entrar. Trazia nos braços uma bela caixa de flores, acompanhada de um cartão.

— Dona Maria Luiza, estas flores acabaram de chegar para a senhora — disse a moça, entregando para a patroa um belíssimo arranjo de raras orquídeas e um delicado cartão.

Maria Luiza sentiu um arrepio percorrer-lhe o corpo. Uma sensação de medo invadiu seu coração. Estava acostumada a receber flores, mas aquelas transmitiam-lhe medo e angústia, mesmo sem ainda saber quem as tinha enviado.

Procurando se controlar, a jovem senhora abriu o cartão personalizado, gracioso e perfumado e sentiu uma pontada no peito: era o jovem músico que acabara de conhecer! Nele estava escrito: "Não é sempre que encontramos homens com a mesma sorte do maestro Gilberto. Felicidades ao casal que me proporcionou momentos tão especiais".

Instantes depois, Angélica, que entrava na sala, arregalou os olhos diante das orquídeas, exclamando em voz alta:

— Nunca recebi orquídeas iguais a estas! Quem as mandou? — Sem esperar resposta, arrancou o cartão das mãos da mãe e ficou espantada com o bom gosto e o cavalheirismo do músico. — Meu Deus! Que coisa chique! Esse cara é demais! Depois do que acabo de ver e ler, quero conhecê-lo o mais rápido possível! Conte-me, mamãe, como ele é? Estou louca para saber tudo! É bonito pessoalmente? Anda perfumado como papai? Como ele estava vestido?

Hortência, que apareceu em seguida, também ficou encantada com as flores e o cartão.

Mãe e filhas sentaram-se. Maria Luiza, disfarçando o nervosismo, começou a descrever para as gêmeas como era o hotel, a suíte e o jovem maestro em si. Ocultou apenas que ela e o marido haviam deixado marcado um jantar com o músico.

Ao chegar na sala, Gilberto beijou as filhas. Vendo as orquídeas, perguntou admirado:

— Meu futuro genro não economizou nem no bolso nem nos olhos. São lindas! Quem foi a felizarda de hoje?

Angélica e Hortência entreolharam-se e começaram a rir. Angélica pegou o cartão e aproximou-o levemente do rosto do pai, dizendo:

— A felizarda de hoje foi a mamãe! Veja que elegância, papai!

Gilberto examinou o cartão e as flores e imediatamente sentiu um aperto no coração. Em seguida, olhou para Maria Luiza, que parecia encabulada. Recuperando o humor, disse:

— Isso prova que nós, músicos, não perdemos a sensibilidade do romantismo. O jovem maestro foi muito gentil e educado. Pedirei a seu pai, Maria Luiza, que agradeça as flores, enviando em troca uma garrafa de um bom vinho!

Após a decisão tomada pelo maestro de retribuir a gentileza do jovem músico, todos mudaram de assunto. Gilberto e Maria Luiza comunicaram às filhas sua ida para a fazenda e as chamaram a atenção para os cuidados que deveriam ter na ausência deles.

Quando pegaram a estrada, Maria Luiza suspirou aliviada. Desde o dia anterior os olhos do jovem maestro a perseguiam. Olhava para o marido e tinha a impressão de que via os olhos do músico.

Ao chegar na fazenda, o contato com a natureza fez com que Gilberto ficasse mais disposto, o que não passou despercebido aos olhos de Teodoro.

No terceiro dia, o pai de Maria Luiza ligou para o genro, informando-lhe:

— Gilberto, enviei ao músico, em nome do casal, a garrafa de vinho que você recomendou. Ele a aceitou de bom grado e pediu que eu lhe dissesse que gostaria de marcar a data do jantar, até então em aberto.

Maria Luiza estremeceu ao ouvir Gilberto responder:

— Estaremos de volta no início da semana e aí poderemos marcar o jantar. Com certeza, será antes do nosso grande dia.

Naquela noite, Gilberto adormeceu cedo. Após andar a cavalo, nadar e caminhar muito, fora vencido pelo cansaço. Porém, do outro lado da cama, Maria Luiza não conseguia conciliar o sono. Olhava as sombras que entravam pela janela e para o marido adormecido e se orgulhava dele.

Gilberto era o melhor e mais fiel companheiro. Sabiam tudo um do outro e entre eles não havia segredos. Ele era um pai exemplar, sua família, perfeita. Tinha a seu lado o homem que sempre sonhara.

Enquanto Maria Luiza tecia, em pensamento, elogios ao marido, os olhos do jovem músico surgiam em sua mente, fazendo com que ela se dispersasse.

— Jesus Cristo, livra-me dessa tentação — falou em voz alta. Em seguida, fez o sinal-da-cruz e começou a rezar o Pai-Nosso, fechando os olhos e apertando com força as duas mãos.

Após prece fervorosa, Maria Luiza adormeceu encostada nos travesseiros e pouco tempo depois saía de seu corpo físico. Caminhando por um campo florido, percebeu que ovelhas branquinhas pastavam, que alguns agricultores aravam as terras e que muitas mulheres vestidas com saias longas e largas carregavam cestos com uvas. O cheiro da terra era maravilhoso!

Vislumbrando tão esplendorosa paisagem, Maria Luiza pôs-se a correr, cabelos soltos ao vento, quando de repente se deparou com um jovem, que também corria ao seu encontro. Quando chegaram perto um do outro, os dois abraçaram-se e beijaram-se demoradamente. Em seguida, o jovem rapaz levantou-lhe o queixo e disse:

— Jamais vou esquecê-la! Levarei seus olhos dentro dos meus e deixarei os meus dentro dos seus!

Maria Luiza acordou sobressaltada, olhando à sua volta. Gilberto dormia e as sombras das árvores formavam figuras na janela.

Passando a mão pela testa, recordou-se do que vivenciara minutos antes e pensou: "Que lugar lindo! Que sensação de liberdade, amor e paz havia naquele lugar!"

De repente, os olhos do jovem vieram à sua mente. Sim, era ele! Os olhos do sonho eram os olhos dele!

Assustada, ela se lembrou de que Adriana e Teodoro freqüentavam um lugar em que o espiritismo era estudado e praticado. Ela se informaria a respeito disso.

IV
Selando o próprio destino

Hortência e Gregório estavam cada dia mais apaixonados, o que deixava ambas as famílias felizes com a possibilidade de um casamento entre eles. Por outro lado, Angélica e o avô de Gregório haviam-se tornado tão íntimos, que o próprio pai de Maria Luiza dizia que, se não conhecesse bem o amigo e a neta, desconfiaria dos dois.

Mas Angélica estava atenta. Com muita malícia, arquitetava seu plano, entrando sorrateiramente na vida de Gregório e de sua família.

Angélica era uma jovem fascinante. Em uma tarde, ao conversar com o pai, Gregório chegara a ouvir dele as mesmas palavras que um dia ouvira do avô:

— Gregório, meu filho, se eu estivesse no seu lugar, por certo escolheria Angélica para namorar, pois, além de linda, ela é decidida, forte e desinibida.

— Pai, aprendi com o senhor que devemos seguir sempre o que nos sugere o coração! — respondeu gentilmente o rapaz. — Desde o primeiro dia em que conheci as duas irmãs, meu coração me levou para Hortência! — E, brincando, acrescentou: — Pelo que conheço da mamãe, ela não gostaria nem um pouco de ouvi-lo falar de Angélica com tanto entusiasmo! Já não basta o vovô, que não esconde sua paixão por ela?

Gargalhando, o pai de Gregório respondeu:

— Tem razão, meu filho! Além de tudo, você é bem mais esperto e sortudo! Eu não tive a opção de escolher uma entre duas; sua mãe não tinha irmã gêmea! Além disso, sua mãe é ciumenta demais. Já passei por cada apuro que você nem imagina!

Gregório, por freqüentar assiduamente a casa de Hortência, conhecia Rafael, o namorado de Angélica, que lhe satisfazia todos os caprichos, o que permitia que a jovem se aproveitasse do amor que ele lhe devotava.

De família muito bem situada, o jovem rapaz formaria-se em breve e fazia muitos planos para ele e para a amada.

E ela também tecia planos de casar-se, mas não com ele! Rafael era apenas um instrumento necessário em suas mãos.

Hortência, mais recatada, vivia chamando a atenção da irmã pelas roupas que ela usava ou por exagerar na maquiagem. Como Angélica fazia apenas o que lhe vinha à cabeça, também começou a fumar escondida.

Certa noite, Rafael estava estudando para as provas finais e Angélica resolveu acompanhar Hortência e Gregório em uma festa, na casa do avô do rapaz. Ao chegar lá, passou a noite de braços dados com o velho senhor, bebendo, fumando e debochando das pessoas.

Hortência, envergonhada com a situação e a pedido do namorado, resolveu ligar para os pais alegando que o bolo seria cortado muito tarde, madrugada adentro, e comunicou que ela e a irmã dormiriam na casa do avô de Gregório. Pediu para que os pais não se preocupassem, pois tudo estava bem. Como a festa terminaria tarde, ficariam até o dia seguinte.

Após o final da festa, ela e o namorado decidiram chamar um médico, para que fosse feita uma lavagem estomacal em Angélica e no avô de Gregório. No dia seguinte, o rapaz anunciou ao avô:

— Vovô, em decorrência do vexame a que fui submetido, gostaria de comunicá-lo de que estou deixando esta casa. Nos últimos tempos, suas atitudes me deixaram por demais envergonhado!

Pegando a mão do neto, o velho senhor pediu, implorando:

— Gregório, por favor, não me deixe! Sei que tenho me comportado como um adolescente. Prometo-lhe que não cometerei mais tais leviandades!

Hortência, muito magoada, virou-se para a irmã, cobrando-lhe:

— Angélica, você havia me prometido mudar não apenas por fora, na aparência, mas interiormente, na essência! Agora, serei obrigada a contar tudo para os nossos pais, pois, afinal, será para o seu bem! Veja, olhe este maço de cigarros! Você tinha jurado melhorar e o que foi que fez?

Conhecendo o coração e o caráter de Hortência, Angélica abraçou-se a ela chorando e jurou:

— Hortência, prometo que pedirei ajuda a um psicólogo, mas, por favor, não conte nada ao papai e à mamãe, nem mesmo ao Rafael. Se ele souber disso, eu me matarei! Eu o amo tanto!

Assim, após a discussão, Hortência combinou com Angélica que a acompanharia ao tratamento e que ela deveria se afastar um pouco do avô de Gregório, já que ambos estavam causando mal um ao outro.

Antes de saírem da casa do avô, Gregório chamou Angélica e lhe disse com carinho:

— Angélica, gosto muito de você e quero vê-la feliz. Por isso, sobre o que aconteceu esta noite, não vamos tornar a situação mais embaraçosa. Você e vovô ficaram alegres demais! Ele me prometeu que parará com essas farras. E você, promete que fará um tratamento? Eu e Hortência vamos acompanhá-la.

Abraçada a ele, chorando com verdadeira emoção, pois ser abraçada e amada por ele era tudo o que queria, Angélica prometeu:

— Sim, Gregório, prometo que vou me cuidar.

A caminho de casa, Hortência lembrou aos demais que a grande noite de gala do pai estava por chegar, e todos falaram sobre o trabalho de cada músico e, claro, a respeito do músico que a mídia dizia ter-se inspirado no maestro Gilberto. Então, Gregório perguntou:

— Vocês já conheceram a fera?

— Só a mamãe o conheceu e, é claro, nosso pai. Acho que apenas vamos conhecê-lo no dia da estréia — respondeu Angélica.

— Também, falta tão pouco! — acrescentou Hortência.

Na casa do maestro, tudo parecia caminhar com tranqüilidade aos olhos dos outros, mas, na família em si, cada qual já carregava um fardo pesado.

Maria Luiza andava nervosa. Ela, que era uma pessoa calma e controlada, sempre disposta a ouvir os outros, agora fugia das pessoas, alegando sempre algum compromisso. Por outro lado, o maestro estava pensativo e distante. Diversas vezes trancava-se em seu estúdio e tocava sem parar. Se Maria Luiza não o chamasse, ficava sem comer nada o dia todo.

Hortência olhava com tristeza à sua volta. Em sua casa havia tantas coisas belas que a enfeitavam, das quais ninguém mais se dava conta. No quintal, apenas os pássaros se banhavam na imensa piscina. O jardim, completamente florido, com hortênsias e angélicas por todos os lados — a verdadeira adoração de Gilberto —, agora estava apenas sob os cuidados do jardineiro. O maestro, que tinha grande paixão pelas flores, nem lembrava que elas existiam.

Debruçada no parapeito da janela de seu quarto, a jovem recordava-se das muitas tardes em que seus pais rolavam na grama do jardim com ela e a irmã e brincavam de fazer piquenique. Até o cachorro participava das brincadeiras. Angélica e Hortência jogavam a bola e ele corria para buscá-la. Eram tardes maravilhosas aquelas.

Em suas mais íntimas reflexões, Hortência perguntava-se onde teriam ficado aqueles dias felizes. O jardim continuava belo, o gramado, verde e bem cuidado, os pássaros voavam de um lado para o outro, divertindo-se como nos velhos tempos.

"Ah, como sinto falta daquelas tardes, dos piqueniques que fazíamos no jardim, das nossas brincadeiras com papai e mamãe", suspirava a jovem. Ela não sabia a razão, mas sua família estava se distanciando das melhores coisas da vida, que era justamente o fato de estarem juntos, de olharem uns nos olhos dos outros, os abraços, o andar descalço pelo gramado.

"Deus! O que está acontecendo?", pensava.

Hortência não sabia explicar, mas sentia que algo estranho rondava sua casa; pressentimentos ruins habitavam seu coração.

Ainda envolta em reflexões, a jovem pensava: "Angélica é minha única irmã, é parte da minha vida. Como pôde ter entrado nessa de fumar e beber às escondidas? Será que ela não percebe que com isso está prejudicando apenas a si mesma? Isso não será resultado da falta dessas horas sagradas em família?"

Após refletir um pouco, Hortência lembrou-se de que tia Adriana e tio Teodoro estudavam e freqüentavam uma casa espírita. Assim, decidiu que pediria a ajuda deles.

No entanto, algo a inquietava: deveria contar aos dois o que estava acontecendo em sua casa, principalmente com Angélica?

Hortência sabia que havia prometido à irmã não revelar seu segredo a ninguém, mas temia que, de outra forma, não pudesse ajudá-la. Esperaria, como julgava conveniente, passar o evento do pai e depois certamente faria algo para ajudar a família. Não ficaria de braços cruzados vendo tudo ruir!

"Mamãe anda tão aflita! Percebo que se esforça para demonstrar que está tudo bem com ela, mas sei que algo não está certo. Será que descobriu alguma coisa a respeito de Angélica?", pensava.

Saindo de seus devaneios, Hortência lembrou-se de que no dia seguinte ela e Gregório acompanhariam Angélica ao psicólogo.

"Deus há de nos ajudar! Vai dar tudo certo! Preciso auxiliar minha irmã e não posso permitir que esses seus deslizes venham trazer desgostos e problemas para os nossos pais!"

Em verdadeira prece, Hortência agradeceu a Deus o fato de a imprensa não ter descoberto o comportamento de Angélica no dia da festa na casa do avô de Gregório e ficou arrepiada só de pensar em como aquilo abalaria a reputação de seu pai, um exemplo de profissional no meio artístico.

Teodoro, que fingia lustrar o carro, observava Hortência a distância e pensava: "Meu Deus! Como podem duas irmãs, filhas do mesmo pai e da mesma mãe, nascidas no mesmo dia e quase na mesma hora, serem tão iguais na aparência, mas completamente diferentes na essência?"

Havia algum tempo Teodoro acompanhava Angélica. Tinha notado que ela se envolvera com pessoas pouco recomendáveis. Ele a vinha alertando constantemente e dizendo que, se ela não ficasse atenta, tomaria sérias providências e colocaria seus pais a par da situação.

Dia após dia, Angélica desperdiçava as oportunidades que lhe eram dadas. Namorava um rapaz muito sério e trabalhador e, no entanto, não lhe dava o devido valor. Rafael nem de longe imaginava o que ela aprontava.

Diversas vezes, faltava na faculdade, enganando a todos quando inventava que precisava fazer pesquisas acadêmicas ou algum trabalho em grupo e dormir na casa de uma amiga. Na verdade, passava as noites bebendo e experimentando drogas.

Teodoro havia descoberto isso. Pessoalmente, comprara uma máquina fotográfica e flagrara a filha de seu grande amigo em ambiente nada saudável. E fez isso pela amizade que nutria pelo maestro.

"Será que Hortência descobriu algo a respeito de Angélica? Nunca a vi tão compenetrada e distante! Ah, Deus, tomara que não!", pensava Teodoro.

Enquanto isso, deitada em sua cama, Angélica matutava um novo plano: "O ano-novo está chegando! Com isso, vou me fazer de sensível e de carente. Mas antes preciso convencer Hortência. Ela me ajudará com nossos pais. Aí, vamos para a praia, só nós, é claro, com nossos namorados.

"Preciso fazer isso logo, pois não suporto mais Rafael no meu pé! Também não agüento mais Teodoro me vigiando o tempo todo!

"Para não matar Hortência, tenho de beber para me controlar. A cada dia que passa, minha paixão por Gregório aumenta. Ainda bem que este festival começará semana que vem! Assim, papai ficará livre disso e poderei programar minha vida."

Depois de muito planejar, Angélica lembrou-se de que tinha, no dia seguinte, uma consulta com o psicólogo.

"Ai, meu Deus, como devo me comportar diante dele? Devo me fazer de vítima ou de garota rebelde? O que será que está em alta entre os jovens? Já sei! Vou ligar para Cecília! Ela é filha única e faz parte do meu círculo de amizades!", pensava. "Tudo vai dar certo, assim que eu conseguir separar Hortência de Gregório. Não quero o mal dela. Acho até que ela poderia ficar com Rafael! Eles são tão parecidos!"

Angélica reconhecia que Hortência e Rafael eram mesmo parecidos. Ambos gostavam de tudo certinho, eram calmos, estudiosos e caseiros. De repente, sua idéia poderia até trazer felicidade a todos!

Em seus devaneios doentios, a jovem tecia planos: casaria-se com Gregório, mudaria-se para a Grécia e dedicaria-se de verdade a ele, assim como sua mãe fizera quando se casou.

"Ah, só quero ser feliz com quem amo! Por acaso isso é crime? Se Hortência não ficar com Rafael, logo poderá encontrar outro rapaz, casar-se, ser feliz e me perdoar, como sempre fez."

V
A caminho do Espiritismo

Naquela tarde, Gilberto ligou pessoalmente para o jovem músico, a fim de marcar o tão esperado jantar. Durante a conversa, o jovem disse ao maestro:

— Caro maestro, meus pais estão no Brasil. Vieram para prestigiar o meu trabalho!

Surpreso e um tanto desconcertado, o maestro disse:

— Seus pais estão no Brasil? Bem... Hum... Puxa, que bom.

— Com a chegada de meus pais, tive uma idéia: poderíamos reunir as duas famílias para este jantar! O que o senhor acha? — perguntou o jovem músico. — Sabe, maestro, gostaria que soubesse que desejo muito, independentemente do lado profissional, manter a nossa amizade. Aliás, acho que as nossas famílias se darão muito bem! Pelo que conheço dos meus pais, eles adorarão estreitar e fortalecer os laços de amizade!

Gilberto empalideceu. Não teve como recusar o convite.

Tão logo desligou o telefone, sentado em sua escrivaninha, Gilberto ficou parado olhando o vazio, sem entender o que Deus queria dele. A todo instante, o sonho com o avô do rapaz voltava-lhe à mente, com as palavras de que era necessário romper a embalagem que abrigava o sofrimento. E realmente, sem que ele premeditasse nada, o dedo de Deus estava apontado para ele.

O maestro tinha ciência de que Álvaro, pai adotivo do jovem músico, sabia que ele, Gilberto, o aclamado maestro, era o pai biológico do rapaz. Mesmo assim, teria de enfrentar a situação de frente.

Ao pensar nesse encontro, Gilberto, um tanto surpreso com suas próprias reações, sentiu certo alívio. Afinal, poderia falar abertamente com doutor Álvaro sobre o nascimento do filho, mostrando-lhe que não fugira às responsabilidades paternas.

De uma forma ou de outra, aquele encontro seria benéfico para ambos. Do mesmo modo que ele, o pai adotivo também carregava um fardo pesado: escondia a verdade da esposa, que acreditava ter o filho biológico entre eles.

Com o peito apertado, Gilberto pensou em Márcia, na mulher de doutor Álvaro e no jovem músico: os três tinham sido as maiores vítimas!

Após esse pensamento, Gilberto pegou o telefone quase automaticamente e ligou para a esposa. Em seguida, comunicou-lhe:

— Maria Luiza, está marcado o jantar com o músico. Ele levará a família, que está no Brasil. Por favor, convide Hortência e Angélica para nos acompanhar, mas sem Gregório e Rafael. Afinal, a presença deles não seria conveniente, já que se trata de um encontro muito pessoal.

Maria Luiza, após o telefonema do marido, sentiu o mesmo arrepio de outrora percorrer-lhe o corpo. O sonho que tivera tempos antes vinha-lhe à mente; os olhos daquele jovem perturbavam-lhe o coração, tirando seu sossego.

Sem perceber, ela respondeu quase mecanicamente:

— Tudo bem, Gilberto. Avisarei as meninas.

Assim que desligaram, cada um ficou sentado visualizando as cenas que faziam questão de lhes atormentar a mente.

Gilberto temia a aproximação do músico com Hortência e Angélica, mas o destino agia por conta própria. Mesmo contra sua vontade, os três irmãos ficariam frente a frente, e nenhum poderia suspeitar que em suas veias corria o mesmo sangue. Ali, naquele jantar, haveria não apenas o encontro de três irmãos, mas também de duas esposas enganadas e de dois homens com consciências pesadas.

Cada vez mais, Gilberto percebia que precisava tomar cuidado, principalmente com Angélica. Era faceira, adorava cortejar e ser cortejada, e em hipótese alguma isso poderia acontecer entre a moça e o jovem músico.

Mergulhando novamente em seus devaneios, o maestro relembrava o dia em que conhecera Márcia, em uma dessas viagens obrigatórias que fazem parte da vida de todos os artistas. Sem notar, um sorriso iluminou seu rosto ao pensar: "Meu filho está percorrendo a mesma trajetória que percorri um dia, alcançando com isso sucesso e fama! E ele é tão jovem! Que orgulho poder me apresentar lado a lado com meu filho!"

"Ah, eu ficaria imensamente feliz em poder apresentar ao mundo meu filho músico e dizer: 'Agora vocês já sabem por que ele tem o estilo tão parecido com o meu. Por que ele é meu filho!'."

Nesse instante, o telefone tocou. Era Teodoro. Após ouvir o que o amigo tinha a dizer, o maestro solicitou:

— Teodoro, você não poderia ter chegado em melhor hora! Suba aqui imediatamente! Preciso conversar com você!

Do outro lado da linha, prevendo que algo de grave havia acontecido, Teodoro, coçando a cabeça, exclamou:

— Santo Cristo! Sinto cheiro de problemas de longe! O que será agora? — Enquanto ia ao encontro do amigo, sussurrava: — Ah, seja lá o que Deus quiser!

Tão logo o motorista apareceu na porta do quatro, o maestro levantou-se e pediu:

— Por favor, Teodoro, feche a porta e sente-se aqui.

Em poucos instantes, Gilberto revelou os últimos acontecimentos ao amigo e só então tomou coragem para dizer:

— Teodoro, vou lhe contar um sonho que tive pouco tempo atrás, mas que não sai da minha cabeça. Em razão disso, lembrei-me de que você e Adriana comunicam-se com os mortos. Quem sabe você não pode me esclarecer?

Enquanto relatava todas as passagens de seu sonho, Gilberto tinha a impressão de que o vivenciava novamente, pois revia com nitidez os rostos dos dois médicos. Quando terminou de falar, olhou para Teodoro, esperando ouvir alguma coisa, mas ele estava de olhos fechados.

Os dois homens ficaram em silêncio por alguns minutos. Suspirando fundo, Teodoro abriu os olhos e, dirigindo-se para Gilberto, disse:

— Meu irmão, não perca esta grande oportunidade que Deus lhe está oferecendo. Procure entender que Ele só dá a cruz mais pesada a cada um de nós quando sabe que estamos prontos para transportá-la até o destino certo. O que seu sonho está querendo mostrar é que é chegada a hora de cada um de vocês receber sua cruz e seguir, de cabeça erguida, cada qual o seu destino e tudo o mais que encontrarem pelos caminhos da vida. Tente relaxar, pois você necessitará estar calmo e tranqüilo para apresentar seu trabalho. O público espera por isso. E lembre-se de que estarei sempre a seu lado.

Na casa do maestro, Maria Luiza estava ansiosa; sentia o coração apertado. Na verdade, não via a hora de que o tal festival acabasse logo, para que assim o jovem músico pudesse voltar para sua terra natal e a vida dela voltasse ao normal.

"Mas será que voltará mesmo?", pensava.

No íntimo, a jovem senhora sentia que algo estava estranho. Sentimentos que jamais imaginara ter nasciam e cresciam dentro dela, sem que ao menos pudesse dominar o que lhe vinha à mente e ao coração. Tão logo terminasse o festival, viajaria com o marido. Precisava esquecer o pesadelo que vinha perturbando sua vida.

Maria Luiza possuía a vida que muitas mulheres sonhavam. Tinha um marido exemplar, duas filhas maravilhosas e saudáveis. Nenhum deles havia passado por privações de qualquer espécie.

Envolvida em seus pensamentos, assustou-se com a governanta que lhe chamava e dizia:

— Dona Maria Luiza, Angélica e Hortência estão esperando a senhora para almoçar.

Agradecendo, ela desceu as escadas pensando em como as filhas receberiam a notícia do jantar.

— Olá, minhas meninas! Como vocês estão? Tenho uma ótima novidade!

As duas moças agarraram-se no pescoço da mãe, enquanto pulavam e gritavam:

— Vamos, mamãe, fale logo!

— Bem, Hummm... — disse Maria Luiza, fazendo uma pequena pausa para criar um clima de suspense. — Seu pai acabou de me ligar pedindo para avisá-las de que fomos convidados para um jantar com a família do galã que vocês queriam que viesse à nossa casa, lembram-se?

Angélica arregalou os olhos. Entusiasmada com o convite, perguntou:

— Mamãe, você não está brincando conosco, não é mesmo?

— E isso é assunto para brincar, Angélica?! É a mais pura verdade! Então, tratem de ficar bem bonitas. O jantar será amanhã.

Batendo de leve no braço da irmã, Hortência disse em tom de brincadeira:

— Deixe de assanhamento! Você tem um namorado que é louco por você!

Respondendo no mesmo tom, Angélica disse: — Ah, veja se não vai falar essa bobagem perto do cara nem da família dele! Se alguém me perguntar se tenho compromisso, direi que nós duas somos descomprometidas!

Maria Luiza, abraçando as filhas, chamou-as para almoçar. Porém, antes de sentarem-se à mesa, o telefone tocou, e a governanta, sem jeito, trouxe o aparelho, dizendo:

— É sua mãe, dona Maria Luiza.

Eufóricas, Angélica e Hortência levantaram-se para pegar o telefone, gritando ao mesmo tempo:

— Ai, eu quero falar com a vovó!

Adiantando-se, Maria Luiza pegou o aparelho e respondeu:

— Primeiro fala a filha e, em seguida, as netas! Tenham calma! Vocês duas falarão com a vovó!

Enquanto Maria Luiza falava com a mãe, seus olhos enchiam-se de lágrimas. Nunca havia sentido tanto a falta dela! Na realidade, morria de saudade. Apesar de uma vez por ano ela ir visitá-la no exterior e a mãe também vir ao Brasil com o marido, a verdade é que Maria Luiza nunca se acostumara com sua ausência.

Durante a conversa, Maria Luiza falou à mãe:

— Mamãe, haverá um festival de música aqui no Brasil, no qual Gilberto se apresentará. Grandes nomes da música estarão lá. Depois, pretendo viajar com ele, a fim de descansar um pouco.

Aproveitando a oportunidade, a mãe sugeriu:

— Minha filha, fale com Gilberto e pense na possibilidade de dar uma esticadinha até Londres. Uma vez aqui, vocês poderão passar alguns dias na fazenda de Luís, o irmão caçula de meu marido, o médico casado com uma médica brasileira. Tenho certeza de que você gostará de Márcia. Ela é tão jovem quanto você, tem dois filhos, é brasileira, formou-se em medicina aí no Brasil e depois veio aprimorar-se aqui em Londres. Lembra-se dela?

— Ah, mamãe, eu não me lembro! Cheguei a falar com ela por telefone, mas nunca nos encontramos pessoalmente.

— Então esta poderá ser uma ótima oportunidade! Márcia não visita o Brasil desde a morte do pai, ou seja, faz anos! Luís adora o Brasil. Ela é que não quer ir, dá pra entender? Quem sabe vindo até aqui você não consegue animá-la?

Maria Luiza achou bastante interessante a idéia da viagem. Falaria com o marido. Lembrava-se de tio Luís, irmão de seu padrasto, pessoa muito simpática que se casara pela segunda vez com uma brasileira. Lembrava-se também de que falara com a moça por telefone e que só não havia ido ao casamento dela com o tio porque as gêmeas estavam na escola e não poderiam faltar às aulas.

Após terminar o bate-papo com a mãe, Maria Luiza passou o telefone para Angélica e Hortência, que também falaram com a avó.

Angélica, que falava primeiro, perguntou:

— Vovó, quando você virá nos visitar? Eu e Hortência não podemos nos ausentar do Brasil até o final do ano por causa da faculdade.

Quando desligaram o telefone, Maria Luiza, Angélica e Hortência ficaram em silêncio. A copeira, que ficara esperando o momento certo para servir o almoço, foi quem quebrou o clima de tristeza que pairava no ar, dizendo:

— Bem, agora vamos almoçar, pois saco vazio não pára em pé!

Após a refeição, quando as filhas saíram para a faculdade, Maria Luiza ligou para a esposa de Teodoro:

— Adriana, minha amiga, você poderia vir até minha casa hoje?

Apreensiva, pois havia algum tempo ela sabia do comportamento de Angélica, Adriana perguntou:

— Claro! Mas aconteceu alguma coisa?

— Não, nada de importante. Mas é que eu gostaria de conversar um pouco com você.

Tão logo Adriana chegou, ela e a amiga trancaram-se na sala e Maria Luiza foi direto ao assunto:

— Adriana, por favor, fale-me da vida espiritual, como você costuma dizer.

— Está bem, Maria Luiza. Se você quer me ouvir, estou aqui para ajudá-la.

Após conversar um pouco com a amiga, Maria Luiza tomou coragem e contou o que estava acontecendo desde o dia em que conhecera o jovem músico. Falou sobre o sonho que tivera e que, por mais que rezasse ou pensasse em outras coisas, os olhos dele lhe perseguiam de um lado para o outro.

— Ultimamente — disse ela —, não tenho tido nem coragem de olhar para Gilberto! É como se eu o estivesse traindo com outro homem! Pelo amor de Deus, Adriana, ajude-me! Os espíritos podem atormentar dessa maneira nossa cabeça? — perguntou Maria Luiza, chorando.

Adriana, comovida com a desespero da amiga, fechou os olhos e fez uma fervorosa prece, e em seguida sentiu um arrepio envolvendo todo seu corpo. Calma, concentrada, pediu para que Maria Luiza ficasse sentada e então começou a aplicar-lhe um passe. No mesmo instante, passou a bocejar, como se estivesse muito cansada. Quando terminou, perguntou para a amiga:

— Sente-se melhor?

— Sim, estou mais aliviada — respondeu a jovem senhora.

— Maria Luiza, vou ajudá-la, mas para isso preciso que você também se ajude. Trouxe de presente para você este livro, *O Evangelho Segundo o Espiritismo*. Certamente, ele a ajudará muito. Por favor, comece a lê-lo. Terei o maior prazer em explicar-lhe o que não conseguir entender. Agora, falarei como alguém que a ama muito. Todos vocês nesta casa precisam colocar a luz do ensinamento do Mestre Jesus dentro de seus corações. Ninguém pode viver sem uma religião que lhe dê amparo e conforto espiritual. Vocês têm tudo, são seres humanos bondosos, fazem a caridade, ajudam pessoas de todas as religiões, mas falta fazer algo por si mesmos: praticar o Evangelho de Jesus!

— E como se faz esse Evangelho? — perguntou Maria Luiza, aflita.

— Acabamos de fazê-lo! O Evangelho, Maria Luiza, são preces sinceras direcionadas ao trabalho de socorro a muitos irmãos sofredores, doentes e aflitos que diariamente vêm nos procurar.

— Santo Deus! Você viu se aqui tem muitos deles, Adriana?

— Não sou vidente; não posso ver os espíritos. Porém, senti que aqui há muito medo, tristezas e incertezas.

Adriana e amiga ficaram conversando o restante da tarde. Maria Luiza comentou sobre o jantar com o jovem músico, mas pediu sigilo para Adriana. Sabia que podia confiar nela.

Naquela noite, Maria Luiza e Gilberto dormiram tranqüilos. À tarde, quando chegara em casa, o maestro estava alegre e confiante.

Em seguida, encontrara a esposa serena, linda e perfumada. As filhas estavam em casa. Parecia que tudo havia voltado ao normal.

No outro dia cedo, ainda à mesa do café, a família discutia sobre as roupas que cada qual usaria no jantar. Por fim, chegaram a um acordo.

As gêmeas, tensas e eufóricas, saíram juntas para se arrumar. Antes de o carro deixar a mansão para seguir ao instituto de beleza, Hortência falou ao ouvido da irmã:

— Quando deixarmos o cabeleireiro, iremos direto para o psicólogo. Você está com seus documentos na bolsa?

— É claro! Não os tiro da bolsa! Só espero que ele não seja um velho chato! — respondeu Angélica.

Teodoro, que estava atento a tudo, fingiu não ouvir nada.

"Se Hortência está acompanhando Angélica a um psicólogo, é porque sabe de alguma coisa sobre ela", pensou. "Bem, graças a Deus chegou o dia desse festival! Agora, é pedir a Deus que Angélica não crie nenhum problema com o músico!"

Absorto em seus pensamentos, Teodoro não percebeu que o farol havia fechado e freou abruptamente, fazendo com que as meninas fossem jogadas para a frente.

— Teodoro, você estava de olho em alguma minissaia?! Cuidado aí com o pé! — gritou Angélica.

— Desculpe, meninas, esses faróis estão tão descontrolados! Não dá pra confiar!

— Ah, faz de conta que eu acredito, tio! É uma pena que tia Adriana não esteja aqui para pegar você olhando para as minissaias! — respondeu Angélica.

VI
O encontro fatídico

Maria Luiza apressava o marido e as filhas, lembrando-lhes de que a pontualidade é um cartão de visitas. Deveriam chegar ao restaurante antes dos convidados.

Antes de saírem, todos elogiaram-se. Maria Luiza, elegante e discreta como sempre, não podia esconder a beleza de sua silhueta. Entre as três, era difícil identificar quem eram a mãe e as filhas.

No horário marcado, o maestro levantou-se de seu assento e todos lhe acompanharam no gesto. Elegantemente vestido em um terno azul-marinho e os cabelos bem penteados, o jovem músico adentrava o recinto. Ao seu lado, um belo e simpático casal.

As mãos de Gilberto transpiravam. Ali, estavam os pais adotivos de seu filho!

Ao serem apresentados, Gilberto e Álvaro entreolharam-se demoradamente. O maestro lembrara-se de que o médico não sabia que o avô de seu filho havia-lhe contado toda a verdade sobre a troca dos bebês. Mas Álvaro sabia que ele era o pai biológico do músico.

"Como ele estará se sentindo?", pensou.

Por um segundo, Gilberto sentiu raiva e pena dele ao mesmo tempo.

O jantar começou a ser servido. Angélica, faceira como de costume, tentava de todas as formas chamar a atenção do músico, o qual, muito gentil e discreto, fingia não entender suas insinuações. Em silêncio, ele observava a outra moça e percebia como ela e a irmã eram parecidas fisicamente, mas diferentes na personalidade!

Instantes depois, seus olhos buscavam os olhos de Maria Luiza. Quando os encontravam, tinha a sensação de estar mergulhando em um mar claro e sereno. Jamais sentira tamanha emoção diante de uma mulher! Ela era casada com o maestro, o homem mais invejado do planeta não por seu talento, mas pela mulher que tinha a seu lado.

O jantar corria tranqüilo. Maria Luiza, que havia crescido no mesmo país em que o músico e a família moravam, entrosou-se logo com todos. De vez em quando, o médico olhava para o maestro e pensava: "O rio encontra-se com o mar, não temos como evitar isso. Mas você jamais saberá que essa água é da sua fonte! Ele é o meu filho!"

Na verdade, Álvaro fora ao jantar contra sua vontade. No íntimo, sentira medo quando soube que o filho encontrara-se com o pai biológico, pois receava que algo pudesse ser descoberto.

Do outro lado da mesa, Gilberto também olhava o médico e pensava: "Será que devo chamá-lo em um canto qualquer, com algum pretexto, e contar-lhe que sei tudo sobre o rapaz?"

Imerso nesses pensamentos, o maestro resolveu fazer o pergunta que lhe interessava:

— Quanto tempo pretendem ficar no Brasil?

— Tão logo termine o festival, embarcaremos para o nosso país. Não posso ficar muito tempo ausente do hospital — respondeu o médico.

A esposa do médico, tocando levemente o braço de Maria Luiza, falou:

— Veja que sina a minha: o marido médico e o filho músico! Em resumo: nenhum dos dois pára dentro de casa! Mas acho que você também tem uma sina parecida com a minha, não é mesmo?

Maria Luiza abriu um sorriso, e, antes de responder para Raquel, seus olhos cruzaram com os do músico. Estremecendo, ela disse olhando para ele:

— Mas veja o lado bom do nosso destino: somos parte importante do trabalho deles!

— Bem, isso é verdade! Pelo menos temos essa satisfação!

A orquestra que se apresentava para os convidados da casa tocavam a música que eternizara o maestro. De repente, o jovem músico levantou-se e, diante do maestro, disse:

— Senhor maestro, permita-me dançar essa música com sua esposa? Sei que ela fora sua musa inspiradora!

— Sim, meu jovem, permito que dance com minha esposa e é verdade o que disse sobre minha inspiração. Ela fora a responsável por essa música!

Raquel, vendo o filho levar Maria Luiza para a pista de dança, sugeriu:

— E o que vocês dois estão esperando para tirar as duas lindas jovens para dançar? Vamos, sejam cavalheiros!

Nos braços do músico, Maria Luiza teve a mesma sensação de quando sonhara com ele. Em dado momento, fechou os olhos e sentiu o pulsar do coração dele junto ao seu. Nesse instante, lembrou-se de *O Evangelho Segundo o Espiritismo* e pediu ajuda a Deus. Em pensamento, dizia que aquilo não poderia acontecer com ela, que aquele rapaz até poderia apaixonar-se por uma de suas filhas, mas não por ela, que era bem mais velha que ele.

Apertando-a contra o peito, o músico disse, olhando em seus olhos:

— Jamais esquecerei esse dia! Quero eternizar este momento como único dentro de mim!

Embevecida com as palavras do jovem, Maria Luiza não se deu conta de que a música havia parado nem que Angélica e Hortência estavam na pista. Corada, aproximou-se por um instante do marido e das filhas.

Encantada com aquela noite, ela dançou mais três melodias com o músico e, no íntimo, rezava para que o encanto não terminasse. Tinha a sensação de estar diante de sua própria alma!

De volta à realidade, Maria Luiza pensava: "Tão logo termine este festival ele voltará para seu país e não quero mais me lembrar deste olhar!"

No outro lado do restaurante, Gilberto estava inquieto. Queria conversar a sós com Álvaro. Assim, com a desculpa de que queria mostrar-lhe algo exclusivo do local em que estavam, o maestro levou o médico para um canto do salão e pediu:

— Doutor Álvaro, gostaria muito de conversar com o senhor. Seria possível marcarmos um encontro para amanhã? — O médico empalideceu. Em seguida, o maestro continuou: — Conheci o pai de Márcia três meses antes de seu falecimento. Ele me revelou tudo! Imagine o peso que carrego comigo! O senhor deve saber que jamais tive conhecimento da gravidez de Márcia. Era jovem, mas nunca fui canalha; jamais deixaria de assumir um filho!

Os dois voltaram para a mesa. Vendo o marido, Raquel perguntou:

— Não se sente bem, Álvaro? Nossa! Você está transpirando tanto!

— Devem ter sido o vinho e a dança os causadores de todo esse suor. Reconheço que, como médico, não estou em forma.

No caminho de volta, apenas Angélica e Hortência não paravam de falar. Maria Luiza e Gilberto permaneciam em silêncio, cada um vivendo um novo drama em suas vidas.

Do outro lado da cidade, Álvaro e o filho também estavam calados e pensativos. Raquel, que conhecia muito bem os dois e sabia que, quando juntos, eram bem tagarelas, estranhou:

— Régis? — chamou a mãe.

— Sim? — respondeu o rapaz.

— O que houve, filho? Você parece tão aborrecido.

— É impressão sua, mãe. Para falar a verdade, quero mesmo é deitar em minha cama e sonhar, sonhar, sonhar...

— Está apaixonado, filho?

— Acho que sim.

— E posso saber por quem?

— Pela mulher mais linda que Deus já criou!

— Régis, pare de brincar comigo! Falando assim, você me deixa com medo. E você, Álvaro, por que está tão calado?

— Pelo mesmo motivo de nosso filho.

— Está apaixonado também? — perguntou Raquel, surpresa.

— Sempre estive. Por você! E estou mesmo é querendo cair na cama e sonhar, sonhar, sonhar...

Raquel ficou falando sozinha, pois os pensamentos de Álvaro e Régis estavam bem longe dali.

Em casa, apenas Raquel adormecera. O marido e o filho estavam cada qual envoltos em seus devaneios, cultivando fantasmas que não os deixavam dormir, e o mesmo acontecia na casa de Gilberto.

No dia seguinte, o médico ligou para o maestro e ambos marcaram um encontro para o final da tarde. No horário combinado, sentados em uma discreta lanchonete, eles conversaram abertamente sobre todos os acontecimentos e prometeram não forçar nenhuma situação que pudesse atrapalhar a vida de ambos. Na despedida, doutor Álvaro comentou:

— De certa forma, sinto-me mais tranqüilo em saber que não carrego esse fardo sozinho.

VII Lembranças inconscientes de outrora

O grande dia chegara. O nervosismo de Gilberto e Régis era dominante, bem como das respectivas famílias. Os hotéis da cidade estavam lotados, e gente de toda parte do mundo viera ao Brasil com o intuito de assistir ao festival.

No local da apresentação, os pais do jovem músico e a família do maestro ficaram juntos em um só camarote. No palco, Régis buscava os olhos de Maria Luiza, que, completamente hipnotizada, não se desprendia de seu olhar.

A estréia fora um sucesso. No segundo dia, Maria Luiza estava no camarim do marido, à sua espera, pois ele havia saído para tratar de um arranjo musical com um de seus músicos. Totalmente distraída com uma revista que lia, ela se assustou ao ver entrar no recinto o jovem músico à procura do maestro. Quando seus olhos se encontraram, ambos ficaram mudos e estáticos, apenas se observando mutuamente. Em silêncio, aproximaram-se um do outro, abraçaram-se, beijaram-se e em seguida afastaram-se chorando. Após a forte emoção, o músico disse, secando os olhos na manga da camisa:

— Maria Luiza, não sou um canalha. Juro que não premeditei este encontro. Desde o primeiro dia em que a vi, não consigo tirá-la de dentro de mim. É como se não pudesse mais viver sem você! Perdoe-me, não quero fazer nenhum mal ao maestro nem tampouco a você! Para falar a verdade, não sei o que será de mim! Você entrou na minha vida e sei também que entrei na sua. Não planejamos isso. Simplesmente aconteceu!

Após pronunciar sinceras palavras, Régis saiu do camarim às pressas, deixando Maria Luiza em prantos. Minutos depois, quando o pai da jovem senhora entrou no recinto à sua procura, percebeu que ela não se sentia bem e foi correndo ao seu encontro, totalmente pálido. Ao seu lado, tomando-lhe as mãos, perguntou preocupado:

— Minha filha, o que aconteceu?! Por Deus, fale-me! O que fizeram a você?

Soluçando, Maria Luiza abraçou-se ao pai. Quando se acalmou, respondeu:

— Papai, ajude-me, pelo amor de Deus! Preciso de você e de minha mãe! Estou tão carente, papai!

— Minha filha, tenha calma! — Ele a sentou no sofá e, abraçando-a junto ao peito, disse: — Estou aqui, filhinha, como quando você era pequenina. Fique calma, querida, pois papai está aqui.

Enquanto Maria Luiza permanecia de olhos fechados, o pai, preocupado, pensava: "Meu Deus, preciso afastar minha filha desse rapaz! Tenho notado seus olhares. Sou pai e conheço bem minha filha". Em seguida, vendo que ela estava um pouco mais calma, ele a fez tomar um copo com água e arrumar os cabelos, dizendo:

— Venha, querida, retoque sua maquiagem e vamos dar uma volta.

Pai e filha caminharam até o terraço do hotel. Após acomodarem-se em confortável sofá, frente a frente, o pai pegou a mão da filha e perguntou:

— Maria Luiza, sou seu pai e quero que confie em mim. Todo esse sofrimento chama-se Régis? — Corada, ela baixou a cabeça, balançando afirmativamente. O pai insistiu: — Minha filha, se não puder contar comigo e com sua mãe que está longe, a quem poderá abrir seu coração?

— Papai, não sei como isso foi acontecer! Não consigo parar de pensar em Régis! Antes de o senhor entrar no camarim, ele esteve lá e trocamos um beijo. Agora, papai, como poderei olhar para Gilberto? Eu o traí! Não sou mais digna dele!

O pai, pegando as duas mãos da filha, respondeu:

— Você olhará para seu marido com os mesmos olhos que sempre olhou. O que aconteceu no camarim em nada comprometeu sua moral. Agora, vamos esquecer esse incidente. Hoje, você irá para casa descansar. Falarei com Gilberto e direi que você não está se sentindo bem. Amanhã será outro dia. Para o bem de todos, é melhor que você não fique aqui.

— Papai, você acha que devo contar tudo a Gilberto? — perguntou Maria Luiza em prantos.

— Claro que não, filha! Você não precisa contar nada para Gilberto, pois isso apenas traria maiores sofrimentos a todos, inclusive para sua família. Ouça-me: existem algumas coisas na vida das quais nem devemos ir atrás, ou seja, há verdades que devemos esquecer!

O pai de Maria Luiza falava aquilo lembrando-se de quando vira Gilberto saindo várias vezes com uma moça muito bonita, a qual, alguns meses depois, embarcara para o Brasil, no mesmo avião que ele, com uma barriga imensa. Não sabia explicar por que, mas imaginara que aquele filho era de seu genro. Naquele tempo, não chegara a comentar nada com o maestro, pois, à época, ele era apenas noivo de sua filha.

Mais tarde, antes da apresentação, o pai de Maria Luiza contou ao genro e ao jovem músico que a filha não estava se sentindo bem. Em seguida, pediu desculpas a Régis e à sua família, dizendo que no dia seguinte ela falaria pessoalmente com eles. Apesar da preocupação com a esposa, o maestro ficou mais tranqüilo ao saber que Teodoro e Adriana estariam ao lado dela.

Aquela noite, parecendo movidos pelos acordes do destino, os dois músicos levantaram a platéia, que gritava seus nomes. Emocionado, o pai de Maria Luiza lembrava-se de que a filha fora a musa inspiradora da música que eternizara os apaixonados em todo o mundo. E mais uma vez a história se repetia, com o jovem músico eternizando ao vivo a falta dela com a mais bela melodia.

Observando os músicos no palco, o velho senhor dizia para si mesmo: "Meu Deus, se fossem pai e filho, não seriam tão parecidos! Será que foi isso que fez minha filha apaixonar-se por esse jovem? Afinal, ele é tão parecido com Gilberto, até na maneira de compor!"

Assim chegara o último dia de festival. Na festa de encerramento, as famílias foram convidadas a subir ao palco, a fim de homenagear os músicos. Maria Luiza chorava abraçada ao pai, e as filhas comentavam entre si a sensibilidade da mãe.

No palco, onde cada música tem sua essência, lágrimas misturavam-se à fragrância do perfume de cada um. Nesse cenário de emoções, Maria Luiza abraçou o jovem músico, sentindo seu perfume único. Naquele instante, que parecia uma eternidade, o coração da jovem senhora batia descompassado.

Abraçado a ela, com os olhos cheios de lágrimas, o jovem músico pediu:

— Maria Luiza, luz de minha alma, jamais vou esquecê-la! Saiba que levarei seus olhos dentro dos meus e deixarei os meus dentro dos seus. Por favor, diga-me que não me esquecerá e eu serei o homem mais feliz do mundo! E acredite no que vou lhe dizer: cem anos podem passar, muitas coisas podem acontecer comigo ou com você, mas sempre a levarei dentro de mim. Adeus, Maria Luiza. Lute para ser feliz. Estarei a seu lado para sempre.

Sem esperar resposta, o rapaz saiu do palco rapidamente, deixando a imprensa em polvorosa atrás dele.

Gilberto, que também estava emocionado, aproximou-se da esposa e disse a todos os presentes:

— Caros, meu sucesso tem um nome: Maria Luiza!

Dois dias depois do encerramento do festival, um jornal de grande circulação publicava na primeira página a foto do jovem músico, na escada do avião, acenando para as câmeras, partindo para sua terra natal e deixando para trás apenas seu olhar, um olhar dirigido para alguém muito especial.

Em sua casa, Maria Luiza, deprimida, passava horas andando pelo jardim como se tivesse perdido algo. Pelo menos fora o que Teodoro observou.

VIII
Traindo o próprio sangue

Numa bela e ensolarada tarde, Gilberto convidou Maria Luiza para, juntos, passarem uma semana na fazenda, convite aceito por ela de bom grado, já que a amiga Adriana estaria a seu lado. Antes de partirem, Angélica e Hortência sentaram-se uma de cada lado dos pais, e foi Angélica que começou a falar:

— Papai, mamãe, o ano-novo está aí e eu e Hortência conversamos sobre a possibilidade de passarmos a virada do ano em nosso iate. Achamos que, como nunca mais fizemos esse passeio, seria ótimo para todos nós. Mas claro que a decisão final caberá a vocês — disse ela de modo dengoso.

O maestro olhou para a esposa e não percebeu que, emocionalmente abalada com os últimos acontecimentos, ela concordaria com tudo o que ele dissesse, já que seus pensamentos estavam bem longe dali.

Olhando-a com mais atenção, ele questionou:

— O que você acha da idéia, Maria Luiza?

Surpresa, voltando à realidade, ela respondeu:

— É uma boa idéia. Estamos mesmo precisando fugir um pouco de tanto barulho.

— Então, está resolvido! — assentiu Gilberto. — Vamos esperar a chegada do ano-novo no mar! Agora, ouçam o que eu e sua mãe temos a dizer: assim que voltarmos do mar, vamos voar! Providenciarei reservas para toda a família, pois visitaremos sua avó. Podem avisar seus respectivos namorados que ficaremos alguns dias fora. Está na hora de aproveitarmos as férias — disse o maestro.

Fingindo inocência, Angélica perguntou:

— Mas, papai, eles não podem ir conosco?

— Querida, ficaremos poucos dias fora do país. Para mim e sua mãe não seria incômodo algum, mas não vejo necessidade de levá-los a tiracolo, já que se trata apenas de uma breve visita à sua avó.

Angélica, abraçando o pai, insistiu:

— Então podemos convidá-los para nos acompanhar no ano-novo?

— Bem, como você e sua irmã ficarão alguns dias longe de seus amores, não vejo problema algum em convidá-los para a festa de ano-novo. O que você acha, Maria Luiza?

— Por mim, está tudo bem. Eles serão bem-vindos — respondeu a jovem senhora.

— Tá vendo, Hortência? Eu não disse que papai concordaria? — falou Angélica, eufórica, apertando a irmã. — Eu disse que nossos pais são modernos e que permitiriam que levássemos Rafael e Gregório conosco!

Naquela noite, debruçada na janela de seu quarto, Angélica estava há mais de duas horas absorta em seus pensamentos. Teodoro, que a observava a certa distância, percebia que a jovem tramava algo. Mas o quê?

No dia seguinte, ainda pela manhã, Gilberto telefonou para seu agente de viagens solicitando que fossem providenciados passaporte e passagens, bem como tudo mais que fosse necessário para a viagem da família, o que aconteceria na segunda semana de janeiro.

Na fazenda, entregues ao lazer e ao contato direto com a natureza, Gilberto e Maria Luiza esqueciam um pouco seus sofrimentos. Teodoro e o maestro distraíam-se andando a cavalo, nadando na imensa piscina e fazendo longas caminhadas. Já Maria Luiza e Adriana gastavam o tempo tomando banhos de sol e lendo alguns livros de Allan Kardec, cujas passagens, explicadas por Adriana à amiga, confortavam o coração de Maria Luiza.

Enquanto isso, no quarto, Angélica arquitetava seu plano. Realmente o ano-novo seria especial e traria o que ela mais desejava: Gregório, seu amor. E a viagem ao exterior sugerida pelo pai viera a calhar com seus planos. A maré estava a seu favor!

Na véspera de ano-novo, em clima de alegria e descontração, as famílias de Gilberto, de Teodoro e de mais alguns amigos estavam prontas para embarcar. Rafael e Gregório sentiam-se satisfeitos em acompanhá-los.

Tudo corria perfeitamente bem. Angélica, eufórica, desmanchava-se em agrados e abraços com Hortência, chegando a emocionar os demais.

À meia-noite, quando os fogos de artifício coloriam o céu, todos os presentes abraçaram-se e comemoraram com champanhe e gritos de alegria o ano novo que se aproximava. Iluminados pela lua e pelas estrelas, os casais de namorados ficaram entrelaçados, trocando muitas juras de amor. O mar calmo e prateado convidava ao romantismo.

Na proa, embriagado com o clima de paixão que pairava no ar, Gregório disse para Hortência:

— Meu amor, nada neste mundo vai me separar de você! Não suporto mais viver longe da mulher que amo! Por favor, Hortência, case-se comigo!

Emocionada com as palavras do rapaz, ela respondeu:

— Gregório, amor da minha vida, claro que aceito me casar com você. Assim que eu voltar da minha viagem de férias, poderemos falar com meus pais. Eu te amo tanto!

Passava das três da manhã quando Angélica, com seu plano todo arquitetado, sugeriu a Hortência que fossem um pouco à cabine do iate, dizendo que mais tarde poderiam voltar. Os convidados, cansados, aproveitaram a ocasião e também foram-se recolhendo, um a um, a seus aposentos. Antes, porém, Angélica pediu a Rafael e Gregório que esperassem por ela e a irmã em seus quartos. Elas iriam ao encontro deles em seguida. Rindo, Angélica puxou a irmã e propôs uma brincadeira: deveriam trocar de roupa, de perfume e imitar exatamente uma à outra, apenas por diversão. Hortência tentou protestar:

— Angélica, não acho uma boa idéia fazermos esse tipo de brincadeira com Rafael e Gregório. Eles poderão ficar chateados conosco.

Contrariada, Angélica ofendeu-se com a irmã, dizendo:

— Puxa, Hortência, é apenas uma brincadeira inocente! Que droga! Você também é sempre do contra!

— Tá bom, vamos brincar com eles — respondeu Hortência.

Após o acordo, as irmãs trocaram de roupa, perfumaram-se, enfeitaram-se e tudo mais. Rindo da traquinagem como se fossem duas crianças, Angélica falou primeiro:

— Agora, vamos esperar que tudo fique em silêncio. Aí, sairemos na ponta dos pés.

— Mas se eles não nos reconhecerem antes de nos abraçar confessamos nossa brincadeira, tudo bem? — alertou Hortência.

— Claro! Tá combinado! Ai de você se eu souber que abraçou e beijou meu Rafael! — disse Angélica, cinicamente.

— Angélica, essa brincadeira poderá causar problemas para nós duas. Não é melhor falarmos com os rapazes, darmos boa-noite a eles e voltarmos para dormir? — perguntou Hortência.

Colocando seu plano em prática, Angélica pegou dois copos, encheu-os com refrigerantes e colocou a droga que havia preparado em um deles. Em seguida, disse para a irmã:

— Maninha, querida, vamos comemorar nossa brincadeira? E, por favor, deixe de ser medrosa! Você só deve fazer com Gregório o que desejar! Ele não vai agarrá-la à força!

Hortência ingeriu toda a bebida, sendo atentamente observada pela irmã, a qual lhe tomou a mão, dizendo:

— Está tudo em silêncio. Venha, vamos rápido!

Antes que pudessem chegar aos aposentos de Gregório e Rafael, Hortência colocou a mão na cabeça e disse:

— Ai, me deu uma tontura!

— É o balanço do mar! E não faça barulho, pois nossos pais poderão ouvir! — respondeu Angélica. — Venha, vamos logo! Quem sair primeiro espera aqui fora, tá legal?

Hortência entrou no quarto semi-escuro do namorado da irmã e, perdendo os sentidos, caiu em seus braços. Como Rafael tinha certas intimidades com a namorada, não estranhou seu comportamento afoito, apenas perguntou:

— Angélica, meu amor, você não está se sentindo bem? Por acaso, andou misturando bebida novamente? Responda! Você não está falando coisa com coisa!

No quarto ao lado, uma jovem completamente lúcida do que fazia quebrava a resistência de Gregório, entregando-lhe sua virgindade, correspondendo aos seus desejos, deixando-o totalmente apaixonado e agradecido a Deus por ter colocado Hortência em sua vida.

Na manhã seguinte, os suaves raios de sol penetravam o corpo despido de Hortência, que, ao abrir os olhos com dificuldade, viu a seu lado o corpo também despido de Rafael, o namorado de Angélica. Com a cabeça girando como se estivesse numa roda-gigante, lembrou-se da brincadeira. "Mas o que aconteceu?", pensou. No entanto, apesar de todo o esforço, apenas conseguiu se lembrar de ter entrado no quarto de Rafael. Olhando mais atentamente ao redor, pôde perceber que havia manchas de sangue no lençol branco. Em seguida, num esforço sobre-humano, pegou a roupa, vestiu as peças de cima e saiu aos tropeços, sem entender o que estava acontecendo. Na fuga, ao passar em frente ao quarto de Gregório, cuja porta encontrava-se entreaberta, Hortência viu Angélica deitada nua, encostada no corpo despido do jovem rapaz, que dormia tranqüilamente. Depois, notou que lá também havia nódoas de sangue no lençol branco.

Hortência quis gritar, mas não conseguiu. Sua boca estava seca, a garganta ardia, a cabeça girava. Despertando, Angélica abriu os olhos e viu a irmã encostada na porta. Levantando-se de um salto, pegou uma toalha e correu até ela. Abraçada a Hortência, saiu rápido do quarto de Gregório e, fingindo desespero, falou:

— Hortência, o que aconteceu conosco? Só acordei com você parada, me olhando. Apenas lembro-me de que, quando entrei no quarto de Gregório, ele estava tomando champanhe e me ofereceu uma taça. Depois, não consigo me lembrar de mais nada! E você? O que houve? O que aconteceu? Por que não veio me chamar? Ai, que horror! Tem uma mancha de sangue nessa toalha!

— Não me lembro de nada, Angélica! Minha cabeça dói muito, parece que vai explodir! — respondeu Hortência com náuseas, resultado da droga colocada em seu refrigerante.

Angélica, que sacudia a irmã, perguntava:

— Você bebeu algo no quarto de Rafael? Vamos, tente se lembrar!

— Não sei, não me lembro de nada! Ai, minha cabeça vai estourar! Acho que vou desmaiar!

— Calma, maninha, deite-se aqui — disse Angélica, ajudando Hortência a se deitar. Apontando para a perna da irmã, gritou: — O que foi isso? Você tem uma mancha de sangue em sua coxa!

Hortência, desesperada, sacudia a cabeça freneticamente. O ar começava a lhe faltar, o desespero tomava conta dela.

Tentando acalmar a irmã, Angélica pegou um calmante e colocou em sua boca, pedindo:

— Vamos, maninha, tome isso. Beba toda a água. Com certeza, esse calmante irá ajudá-la. Venha, não se preocupe, cuidarei de você. Quando tudo passar, decidiremos o que fazer. Por enquanto, descanse e não fale nada. Estou aqui.

Enquanto Hortência descansava, Angélica pensava: "Rafael e Gregório dormirão até tarde, pois estão sob o efeito do sonífero. Assim, terei tempo de cuidar de Hortência".

Apenas no meio da tarde Maria Luiza, Gilberto e seus convidados começaram a se levantar. Hortência, que já havia vomitado e delirado muito, permanecia em seu quarto, pois achava-se completamente sem forças.

Abatida, a jovem chorava em silêncio. Angélica, preocupada, pedia à irmã:

— Hortência, esse é o nosso segredo. Por favor, não conte nada ao papai e à mamãe, pelo amor de Deus. Nem mesmo nós sabemos o que aconteceu a noite passada. Vamos aguardar para ver o que dizem Rafael e Gregório.

Quando as gêmeas resolveram sair do quarto, foram ao encontro de Maria Luiza, de Gilberto e dos demais convidados. Os pais, vendo o estado da filha, resolveram voltar imediatamente para casa e solicitaram, pelo rádio, que fosse enviada uma ambulância, pois perceberam que Hortência não passava bem.

"Mas o que pode ter feito mal a ela?", questionava-se Maria Luiza, desesperada. "Será que foi a comida? Ou será algum processo virótico, já que apenas Hortência não está passando bem?"

Gregório, ao lado da namorada, sentia-se culpado. Afinal, mantivera relações sexuais com ela. "Será que todo esse mal-estar é fruto da noite que tivemos ontem? Meu Deus, o que fui fazer?! Talvez Hortência não estivesse emocionalmente preparada para isso!", pensava.

Agarrado à mão da jovem, Gregório suplicava:

— Hortência, meu amor, perdoe-me por essa noite! Se eu pudesse imaginar que você ficaria assim, juro que não teria permitido que acontecesse nada entre nós! Eu te amo tanto!

Ainda indisposta, Hortência foi levada ao hospital, onde permaneceu dois dias em observação, e pediu que o namorado não a fosse visitar.

Gregório, muito abatido, não se conformava com o mal-estar da moça e não entendia o porquê de ela não desejar vê-lo.

Angélica, dissimulada, suplicava ao rapaz com voz chorosa:

— Gregório, você precisa entender o estado emocional de Hortência. Sei tudo o que aconteceu, ela me contou. Minha irmã está apenas precisando descansar um pouco e não quer que você a veja nesse estado. Tenho certeza de que em breve tudo voltará ao normal.

Aproveitando a oportunidade para dispensar Rafael, Angélica pediu que ele também não a procurasse, alegando que precisava ficar ao lado da irmã. O rapaz, que sempre atendera aos pedidos da namorada cheio de bondade e compreensão, não criou nenhum empecilho a mais esta solicitação.

No hospital, no quarto da filha, Maria Luiza andava de um lado para o outro e pensava: "Meu Deus, será este um castigo pelo que fiz?". Olhando para Hortência, com o Evangelho entre a mãos, a jovem senhora rezava baixinho e pedia, naquele momento, a ajuda dos espíritos de luz. Com fervor, prometia a si mesma: "Meu Deus, juro que vou me dedicar à minha família como fazia antes. Estas lembranças do que aconteceu não terão força nenhuma sobre meu coração. Ninguém vai me separar da minha família!

Em prece, Maria Luiza deixou o quarto da filha, dirigindo-se para a sala de espera. Instantes depois, o médico da família informava a todos que Hortência passava bem e que apenas precisava repousar um pouco.

Maria Luiza, eufórica, correu para ver a filha. Tentando animá-la, colocava a sopa em sua boca, mas ela recusava-se a aceitar, já que ainda sentia muitos enjôos.

Em decorrência do debilitado estado de saúde de Hortência, o maestro e a esposa acharam por bem suspender a viagem internacional programada para dali a três dias. Tomada a decisão, comunicaram o fato às filhas. Porém, antes que o maestro terminasse de falar, Angélica manifestou-se dizendo:

— Estou de pleno acordo! Não podemos viajar com Hortência assim. Podemos esperar mais alguns dias.

Hortência, sentando-se no leito, quase gritou:

— Não! Por favor, papai, quero viajar! Já estou quase boa! Pelo amor de Deus, não adie nossa viagem!

Maria Luiza, Gilberto e Angélica entreolharam-se, e foi o maestro que disse primeiro:

— Hortência, minha filha, vou adiar nossa viagem por apenas mais uma semana. Este será o tempo de você se recuperar por completo. Depois disso, seguiremos.

— Não, papai, quero ir logo! Não vejo a hora de embarcar! Programamos essa viagem e estou até com minhas malas prontas! Nada vai nos impedir de viajar. Por favor, estou com saudade da vovó!

— O que você acha, Maria Luiza? — o maestro perguntou.

O olhar de Hortência era de súplica. Maria Luiza, acudindo-se de seu sexto sentido, respondeu: — Meu bem, talvez essa viagem seja o melhor remédio para Hortência.

Após a decisão, ficou estabelecido que a programação de viagem não seria alterada. Com a ausência da família, Teodoro e Adriana ficariam encarregados de cuidar da casa, e o pai de Maria Luiza tomaria conta dos negócios.

Tão logo Gilberto e Maria Luiza deixaram o quarto de Hortência, a jovem puxou a irmã pelo braço, pedindo:

— Angélica, por favor, eu não quero ver Gregório!

— Mas, Hortência, precisamos falar com nossos namorados antes de partir! Do contrário, o que pensarão nossos pais? E por que você está com medo? Afinal, nenhum dos dois desconfia de nós. Eles acreditam que nos entregamos às pessoas certas. Quanto a mim, não quero mais saber de Rafael! Assim que estivermos de volta ao Brasil, direi a ele que encontrei outra pessoa. Inventarei qualquer coisa. Quanto a você, faça o que seu coração pedir. Apenas lhe peço que, pelo amor de Deus, não abra a boca para contar isso a ninguém!

— Ora, Angélica, você pensa que está sendo fácil para mim?

— Hortência, não temos outra alternativa a não ser recebê-los em nossa casa. Se você está se sentindo mal, também estou me sentindo péssima! Aliás, estou me segurando por dentro, pois fui eu a causadora de toda essa desgraça. Tentei fazer uma brincadeira e até agora não entendi o que aconteceu conosco.

As lágrimas desciam pelo rosto de Hortência. Por mais que tentasse se lembrar do que ocorrera naquela noite, nada lhe vinha à mente. "E agora? Como poderei olhar de novo dentro dos olhos de Gregório?", pensava em desespero. Fechando os olhos, sentia como se estivesse em um pesadelo.

Todos estavam eufóricos com a viagem. Na data estabelecida, antes de embarcarem, Gregório veio se despedir de Hortência junto com o avô, que parecia muito mais equilibrado depois que parara de beber.

Ao beijar as mãos da moça, enquanto lágrimas sinceras desciam pelo seu rosto, Gregório falou:

— Hortência, você é minha vida! Assim que voltar de viagem, falaremos com seus pais para marcarmos a data do nosso casamento. Não se preocupe, pois você poderá continuar seus estudos. Lembra-se do que combinamos?

O avô acrescentou:

— Meu presente de casamento será um apartamento mobiliado para vocês começarem a vida. Tão logo você volte, terá uma grande surpresa!

No outro lado da sala, Angélica despedia-se de Rafael com frieza. O rapaz, bondoso e compreensivo, apesar de magoado com a atitude da namorada, pensava que tudo aquilo era fruto da doença de Hortência. Porém, mesmo assim, falou para a mulher amada:

— Angélica, meu amor, por favor, case-se comigo.

Rafael era pessoa de boa índole. Naquele momento, perante Angélica, assumia o que havia acontecido entre eles primeiro porque a amava, depois porque honraria sua palavra.

Após o pedido de casamento, a jovem respondeu:

— Rafael, este não é um bom momento para conversarmos. Na volta, falaremos sobre isso. Você não me forçou a nada. Fiz o que fiz porque também o desejei.

Uma hora depois, Teodoro e Adriana acompanhavam a família até o aeroporto. O motorista, que observava silenciosamente as gêmeas, não sabia por que, mas sentia um aperto no coração. No íntimo, sabia que algo grave havia acontecido a Hortência, pois, como a conhecia bem, podia perceber nitidamente seu sofrimento. "Meu Deus, o que terá acontecido naquele iate que a machucara tanto assim? Pai, tenha misericórdia dessa pobre menina.", pensava.

IX
Aliviando o coração

Ao chegar em Londres, Gilberto e sua família foram recebidos no aeroporto pela mãe de Maria Luiza e seu padrasto, com muitas flores e abraços. Hortência, que durante a viagem ainda dava sinais de mal-estar, ao desembarcar no novo país parecia melhor, já que a avó fazia tudo para alegrar a menina e a irmã. Maria Luiza, tentando conter a ansiedade, não via a hora de partir para a fazenda de tio Luís. No fundo, sabia que os ares do campo fariam bem a todos.

Na casa da mãe, sentada em confortável sofá, a jovem senhora pegou uma revista e começou a folheá-la. Ao ouvir uma voz familiar, desviou a atenção para o aparelho de TV que estava à sua frente e empalideceu ao ver a imagem do jovem músico, numa entrevista a um famoso programa, em que ele declarava à entrevistadora cultivar dentro de si dois amores: um pela música e outro por uma misteriosa mulher.

Após a grande revelação, a entrevistadora perguntou:

— Caro maestro, você pode nos dar uma dica sobre quem é essa mulher que despertará a inveja de milhares de mulheres no mundo todo?

— Trata-se de uma mulher muito especial, mas apenas sua alma habita dentro de mim. Infelizmente, não posso tocá-la, mas posso senti-la através da minha música.

Inconformada com a resposta, a entrevistadora insistiu:

— Mas essa mulher é real ou apenas fruto da sua imaginação?

— Sim, ela é real e em algum lugar deste planeta respira o mesmo ar que eu, olha o mesmo céu que vejo, observa as mesmas estrelas, sente o mesmo perfume das rosas, pensa em mim com o mesmo amor que penso nela — respondeu o jovem músico, emocionado.

Maria Luiza, que não conseguia desgrudar os olhos da TV, assustou-se quando Gilberto aproximou-se e perguntou:

— O que você está assistindo para estar tão compenetrada?

Automaticamente, ela apontou para a TV. Estava trêmula e pálida.

Quando Gilberto olhou, também estremeceu e ficou mudo. Em seguida, sentou-se ao lado da esposa e disfarçou a emoção. Seus corações estavam acelerados.

Passados alguns instantes, o maestro, com a voz embargada pela emoção, falou:

— É, Maria Luiza, estamos em Londres, país de Régis. Será inevitável ouvirmos algo a respeito dele, já que ele vive aqui com a família, não é mesmo? — Olhando para a esposa, que tentava disfarçar a ansiedade, ele ainda perguntou: — Você acha que devemos ligar para ele? Afinal, ficamos amigos de sua família.

— Quando estivermos com a viagem de volta marcada poderemos fazer isso. Por ora, quero aproveitar para fazer algumas compras, dar mais atenção às meninas e curtir minha mãe.

— Tudo bem, você tem razão. Enquanto assiste ao programa, posso ler esta revista?

— Claro! Já li o que me interessava. A propósito, você não se importa se eu o deixar um pouco? Estou precisando respirar — disse Maria Luiza.

— Pra falar a verdade, importo-me sempre que você me deixa sozinho, mas pode ir. Mesmo longe, sei que está perto de mim — disse o maestro.

Após ouvir o galanteio do marido, Maria Luiza esboçou leve sorriso; em seguida, beijou-o e saiu à procura das filhas.

Olhando de um lado para outro por todos os aposentos pelos quais passava, Maria Luiza parou diante da porta entreaberta do quarto das filhas quando ouviu Angélica sussurrar:

— Por favor, Hortência, tente melhorar! Você não está se esforçando! Nós duas estamos na mesma situação! Definitivamente, não quero mais saber de Rafael. Se você também não quer saber de Gregório, terá de arrumar coragem e falar isso para ele! Sei que não será fácil enfrentar essa situação e explicar para nossos pais que não queremos mais namorar e muito menos nos casar com nossos namorados, mas vamos ter de fazer isso para o nosso próprio bem! Se dói em você, também está doendo em mim, por mais que você não acredite!

Hortência, que parecia longe, nada respondeu; apenas duas lágrimas silenciosas corriam pelo seu rosto.

Maria Luiza, que ouvia a tudo com atenção, mas não conseguia compreender o real significado das palavras de Angélica, sentiu um calafrio percorrer-lhe as veias. Imediatamente, pensou: "Meu Deus! O que está se passando com minhas filhas? O que houve com as duas para tomarem uma decisão dessas? Hortência é louca por Gregório. Por que desistiria dele? Quanto a Angélica, no fundo sei que não ama Rafael, tenho certeza disso. Mas será essa a razão da doença de Hortência?"

Afastando-se devagar, a jovem senhora recolheu-se a seu quarto. Precisava pensar melhor no que acabara de ouvir, pois não conseguia juntar as peças de tão complexo quebra-cabeças.

Deitada em seu leito, ela começou a relembrar: "Na véspera de ano-novo, antes de embarcarmos, Hortência e Angélica estavam contentes. Hortência estava de mãos dadas com Gregório e não escondia sua paixão por ele. E um amor tão grande assim não termina da noite para o dia. Meu Deus, o que aconteceu depois?"

À noite, anfitriões e convidados saíram para jantar. Maria Luiza, atenta, observava as filhas e percebeu que Angélica estava tensa e não se desgrudava da irmã, que parecia alheia a tudo e a todos.

Do outro lado da mesa, Gilberto olhava a esposa. "Como ela é linda! Nem parece ser mãe dessas duas moças! Puxa! Acho que ultimamente não tenho sido um bom companheiro para ela. Mas juro que vou me dedicar mais a ela e às minhas filhas", refletia.

Imóvel, com o olhar distante, Hortência mal tocou na comida. Pálida, seus olhos fundos exprimiam toda a tristeza que sentia.

Após o jantar, todos dirigiram-se ao shopping, onde fizeram algumas compras. Já era tarde quando voltaram para casa.

Abrindo a porta da sala, a avó gritou para as netas:

— Angélica, Hortência, olhem aqui! Tem um bilhete que muito interessa a vocês duas! Querem ler ou posso fazê-lo? — perguntou ela, em tom de brincadeira.

— Leia, vovó! — pediu Angélica.

— Muito bem, vamos lá! Gregório ligou duas vezes e pediu que Hortência entrasse em contato com ele. Rafael também ligou e disse que ligará mais tarde. — Olhando para as netas, a avó perguntou: — Agora, respondam-me: quem namora quem?

Hortência estava pálida; tremia os lábios, sem conseguir controlar-se. Angélica, vendo o estado da irmã, apressou-se em responder:

— Vovó, Rafael é meu namorado. Gregório, o de Hortência.

— Ótimo! Então, como para nós já é muito tarde, mas para os jovens o tempo não conta, se quiserem, podem ligar para seus namorados. Bem ali, existem duas linhas disponíveis, prontinhas à espera de vocês! Mas isso, é claro, se os pais de vocês autorizarem!

Como de costume, Angélica antecipou-se, respondendo:

— Ah, vovó, deixa pra lá! A uma hora dessas, eles devem estar dormindo! Amanhã, ligaremos.

Abraçando a irmã, a jovem foi dando beijos de boa-noite a todos os presentes, gesto que Hortência repetiu mecanicamente.

— Durmam bem, minhas queridas — disse a avó, beijando as netas. — Minha casa fica iluminada quando vocês estão aqui!

Depois que as gêmeas foram para seus aposentos, Gilberto e o padrasto de Maria Luiza dirigiram-se para a cozinha. Preparariam um chá antes de se recolherem.

Na sala, a mãe sentou-se ao lado filha e, pegando-lhe a mão, perguntou:

— Minha filha, o que está acontecendo com você? Sou sua mãe e a conheço muito bem. Tenho certeza de que algo a perturba e à sua família. O que é, filha? Você não quer se abrir comigo? Se preferir, venha até meu quarto. Lá, você pode se deitar comigo e me contar o porquê de toda essa tristeza.

Abraçada à mãe, copiosas lágrimas banhavam a face de Maria Luiza, que se sentia como quando era garota e tinha medo do escuro.

— Mamãe, preciso tanto da senhora! — repetiu Maria Luiza entre soluços.

Amparando a filha, a mãe de Maria Luiza a conduziu até seu quarto, deitou-a na cama, deixou o abajur à meia-luz e disse baixinho:

— Fique aqui, minha querida. Volto já.

Indo em direção à cozinha, pegou duas xícaras de chá, contou por alto ao marido e ao genro o que estava acontecendo e pediu que ambos as deixassem sozinhas. Em seguida, voltou para o quarto, fechou a porta e deitou-se ao lado da filha, colocando o braço sobre ela.

— Pronto, querida, mamãe está aqui. Agora, quero que você fale tudo o que a está aborrecendo. Ficarei aqui apenas ouvindo, está bem?

— Mamãe, está tudo errado com a minha vida! — disse Maria Luiza, chorando. — Vou contar-lhe tudo e quero seus conselhos.

Em poucas palavras, Maria Luiza relatou à mãe tudo o que a inquietava. Falou sobre seus sentimentos pelo jovem músico, da tristeza e da desarmonia que tomavam conta de sua casa, sem que ela pudesse controlar, da doença repentina da filha e da conversa que ouvira entre elas. Quando parou de falar, estava mais calma.

A mãe, alisando-lhe os cabelos, respondeu:

— Minha filha, tudo isso que me contou é fruto da tensão vivida por você e sua família nesses últimos tempos. As meninas cresceram, e o seu casamento caiu na rotina, é apenas isso! O que você e Gilberto precisam fazer é divertir-se mais, viajar, descobrir coisas novas para fazer juntos. Tenho certeza de que, antes de voltarem ao Brasil, esse fantasma não vai mais perturbá-la.

Minha querida, você tem um marido belo, talentoso, invejado por milhares de mulheres e, o mais importante, apaixonado por você! Agora, tente esquecer esse beijo inocente, que em nada maculou sua honra de esposa e mãe. Ou você acha que Gilberto nunca beijou outra boca sem ser a sua? Antes de vocês se casarem, com certeza ele teve outras mulheres, mas nem por isso deixou de amá-la! Deixe esses pensamentos tolos de lado e procure ser feliz ao lado de seu marido e de suas filhas. Quanto ao que você ouviu sobre o namoro das meninas, não leve tão a sério. E se de repente elas descobriram que não querem se comprometer tão cedo? Afinal, os jovens de hoje têm uma cabeça muito boa, sabem o que querem. Não deve ter acontecido nada de mais. Isso é coisa de jovem! Amanhã, você verá que elas ligarão para os namorados e tudo voltará ao normal! E, se quiserem terminar o namoro, é sinal de que já têm outros pretendentes em vista!

A conversa entre mãe e filha durou mais de duas horas. Um pouco mais calma, antes de se recolher, Maria Luiza, agradeceu a ajuda à mãe e desculpou-se com o padrasto e o marido. Estava emocionalmente esgotada; por isso, não custou muito a adormecer.

No quarto ao lado, pronta para se deitar, a mãe de Maria Luiza comentava com o marido:

— Albert, nunca vi minha filha nesse estado, nem mesmo quando era adolescente e se apaixonou pelo maestro! Estou muito preocupada. As coisas entre ela e o marido não estão nada bem. Além disso, Angélica e Hortência parecem transtornadas com alguma coisa.

— Calma, minha querida, eles estão todos aqui e vamos ajudá-los no que for preciso. Fique ao lado de Maria Luiza e das meninas que eu darei toda a atenção a Gilberto — tranqüilizou Albert.

No dia seguinte, Hortência e Angélica telefonaram para os respectivos namorados. Gregório, apaixonado, dizia sem parar que estava morrendo e saudade da amada e perguntava insistentemente quando ela voltaria ao Brasil. Hortência tentava controlar o nervosismo, mas lágrimas amargas desciam por suas faces. Angélica, a pretexto de não poder falar muito naquele momento, procurou ser breve em sua conversa com Rafael.

Após duas semanas na belíssima capital inglesa, tudo estava pronto para a viagem à fazenda de tio Luís. No entanto, Gilberto, que tivera febre alta a noite toda, tossia e espirrava sem parar. Preocupado, tomou um medicamento e tratou de ir depressa ao médico, o qual lhe recomendou repouso total. Após a consulta, o padrasto de Maria Luiza propôs:

— Bem, em decorrência do estado de saúde de Gilberto, acho melhor vocês viajarem sozinhas. Não se preocupem, pois ficarei aqui com ele. Afinal, uma semana passa bem depressa. Ah, e fiquem tranqüilas! Não aprontaremos nada por aqui! Somos maridos fiéis e sabemos que vocês seriam incapazes de nos trocar por outros! — disse, em tom de brincadeira.

Gilberto concordou. Depois, convenceu Maria Luiza, a sogra e as filhas a viajar sem eles.

X
A um passo da verdade

A fazenda era um paraíso; na casa-grande, tudo era de muito bom gosto. Maria Luiza e as filhas, maravilhadas com a suntuosidade do local, estavam embevecidas. Afinal, nunca tinham visto nada igual.

Maria Luiza lembrava-se bem de tio Luís. No entanto, não fazia a menor idéia de como era sua esposa. Assim, ao deparar-se com ela, ficou surpresa ao ver tão bela moça, loira, de olhos claros, que mais parecia ser irmã do que mãe dos dois jovens loiros, de olhos azuis, queimados pelo sol, que a acompanhavam.

Após as apresentações, Márcia contou para Maria Luiza:

— Nasci no Brasil, onde vivi muitos anos. Porém, desde que meu pai faleceu, nunca mais coloquei meus pés lá. Mamãe mora em Paris. Depois que ficou viúva, mudou-se para a cidade-luz, onde, alguns anos mais tarde, conheceu meu padrasto, seu atual marido.

Ouvindo atentamente o relato da nova amiga, Maria Luiza perguntou:

— Márcia, você não gosta do Brasil?

— Claro que gosto! Aliás, não existe lugar mais lindo no mundo que o Brasil! Lá, deixei lembranças inesquecíveis — disse, com certa tristeza no olhar.

Enquanto as duas senhoras conversavam, Hortência, Angélica e os filhos de Márcia entraram na sala sorridentes e brincalhões. Hortência parecia mais animada. Corada pelo sol, trazia em uma cesta flores e frutos campestres.

Maria Luiza, encantada com os dois rapazes, comentou:

— Veja como é o destino! Tenho duas moças e você, Márcia, dois moços!

— Pois é, Maria Luiza! — respondeu a nova amiga. — Todas as vezes que engravidei só tive homens! Você teve apenas uma gravidez? — perguntou a jovem senhora.

— Sim, apenas uma. E, como Deus foi generoso comigo, já me mandou duas de uma só vez! Ainda bem, pois você não imagina o que é ser mulher de músico! Esses artistas dormem mais em camas de hotéis do que na própria cama e carregar muitos filhos para os concertos é difícil! — disse Maria Luiza, brincando.

— Posso entender perfeitamente. Sou médica, casada com um médico! Vivemos mais cercados de doentes do que da família! Não dormimos, apenas cochilamos nos leitos dos hospitais. Porém, adoro crianças! Se dependesse de mim, teria uns dez filhos. No entanto, o problema é esse: como cuidaria deles? — disse Márcia, rindo. — Mas você é casada com músico?

— Mamãe nunca lhe contou? Sou casada com o maestro Gilberto. Certamente, você já deve ter ouvido falar nele.

Ao ouvir o nome de Gilberto, Márcia, pálida, deixou cair o copo com suco que tinha nas mãos. Sentando-se em uma cadeira, colocou a mão sobre o peito.

— O que foi, Márcia? — perguntou Maria Luiza, assustada, indo em direção à jovem senhora para socorrê-la. — Você não se sente bem?

— Não foi nada — disse Márcia, gesticulando com uma das mãos. — O calor da fazenda me faz cair a pressão. Não se preocupe comigo. Está tudo bem.

— Não sei, não. Isso não é normal, mas... Ai, perdoe-me, Márcia! Como médica, você sabe muito mais que eu, mas acho que deve se cuidar.

— E é justamente como médica que lhe asseguro que meu caso não é grave nem preocupante. Às vezes, mudanças de ar mexem com nosso organismo. — Tentando controlar o nervosismo, Márcia perguntou: — Mas você me disse que seu marido não veio à fazenda porque estava gripado. Foi isso?

— É verdade, ele pegou uma gripe muito forte! Sabe, você tem razão quando diz que as mudanças de ar mexem com as pessoas. Gilberto dificilmente fica doente, e dessa vez a gripe o derrubou! O médico achou melhor que ele não fizesse essa viagem, já que teve febre muito alta. Como ficamos preocupados, achamos por bem deixá-lo com Albert, marido de minha mãe. Mas foi uma pena! Ele adoraria conhecer a fazenda. Gilberto adora a natureza!

Márcia ouvia atenta a tudo o que Maria Luiza dizia, enquanto, ao mesmo tempo, fazia um retrocesso em sua história de vida, lembrando-se de que um dia Gilberto lhe dissera que Maria Luiza era seu único e grande amor.

Olhando fixamente para Maria Luiza, Márcia recordava-se de que perdera noites e mais noites de sono tentando imaginar seu rosto, sua voz, seu corpo nos braços de Gilberto. Agora que o tempo se encarregara de guardar bem seu passado, lá estava ela diante de uma moça fina, educada, simples e muito bela, cercada de duas graciosas moças, trazendo de volta lembranças que ela acreditava já ter esquecido.

Voltando ao passado, Márcia revia seu sofrimento. Perdera Gilberto para Maria Luiza, enfrentara sozinha uma gravidez e, por fim, perdera o amado filho. De toda dor que sentira, a única que jamais passara fora a falta do filho. "Estaria ele um homem feito se estivesse vivo? Como seria?", questionava-se.

Imaginando seu rosto, lembrou-se da carinha do filho morto. Não, ela não tinha dois filhos, mas três! Ele apenas não estava ali, porém nunca deixara de ser lembrado e amado dentro de seu coração.

O destino pregara-lhe uma peça. "O que aconteceria se eu contasse nesse instante toda a verdade a Maria Luiza?", pensava.

Olhando com bondade a jovem e bela senhora, Márcia dizia para si mesma: "Não, ela não tem culpa de nada. Por mim, jamais saberá que seu marido é o pai do filho que me faz tanta falta! Mas como estará Gilberto agora? E se eu pedisse para ver algumas fotos?"

Mil pensamentos lhe vinham à mente. Maria Luiza falava, mas Márcia nem se dava conta do que na verdade ela dizia.

Como num passe de mágica e atendendo aos mais íntimos desejos de Márcia, Angélica de repente sentou-se a seu lado e disse:

— Márcia, eu trouxe para seus filhos algumas fotos e revistas do festival de que meu pai participou com músicos do mundo inteiro. Você quer ver primeiro?

— Mamãe, mamãe! — gritavam os jovens. — Por favor, também queremos ver as fotos!

Pegando o álbum nas mãos, Márcia começou a olhar as fotos. Ao ver o rosto de Gilberto, que parecia mais bonito, ela estremeceu. Não sabia explicar o porquê, mas algo nele chamara-lhe a atenção em uma das fotos. Estavam lado a lado Gilberto e Régis, o jovem músico.

Olhando a foto com mais atenção, Márcia percebeu que havia algo muito estranho entre o maestro e o jovem músico. Imediatamente, sentiu o coração pulsar mais forte e resolveu perguntar:

— Angélica, quem é o jovem ao lado do maestro?

Foi seu filho mais novo que, gargalhando, respondeu às pressas:

— Mamãe! Não acredito que você não sabe quem é esse rapaz!

— Não, meu filho, não sei de quem se trata.

— Também, passando a maior parte da vida dentro de um hospital, apenas vendo pessoas doentes, claro que está mal informada! Mãe, esse cara é um dos nossos! Foi ao Brasil e arrebentou! Jornais e TV de todo o mundo só falavam nele! Ele é meu ídolo!

Angélica entrou na conversa:

— Realmente, ele é um grande talento! Inclusive, existem muitos especialistas em música que fazem comparações entre ele e meu pai. Mas, na minha modesta opinião, meu pai é um dos maiores músicos do mundo!

— É verdade. Tenho de admitir que seu pai é uma preciosidade da música, e que, de fato, a comparação não é justa — disse o filho de Márcia. Maria Luiza, que procurava ouvir com atenção a conversa dos jovens, tentava disfarçar a angústia que lhe vinha na alma. Vendo aquelas fotos, inevitavelmente os olhos de Régis voltavam mais e mais brilhantes dentro dela.

Márcia, do outro lado do sofá, folheava o álbum e as revistas, enquanto um suor frio lhe descia pela espinha. Quanto mais olhava as fotos do jovem músico, mais o achava parecido com Gilberto.

Pairava um mistério no ar. Maria Luiza e Márcia, envoltas cada uma com seus pensamentos, conseguiram se dispersar apenas quando a mãe de Maria Luiza, abraçada à neta, entrou na sala.

Aproximando-se da mãe, o filho de Márcia perguntou:

— Mamãe, você não sabia que a mulher de tio Albert é a sogra do maestro Gilberto?

— Não, filho. Você sabia?

— Claro! Vi até as fotos do casamento deles! Mãe, você se lembra de quando fomos passar as férias na casa de tio Albert? Vimos muitas fotos da família toda — disse o rapaz.

Márcia, ainda trêmula, respondeu:

— Vejam só, nossos filhos estão sempre bem informados. Ficamos surpresos quando descobrimos coisas que eles sabem e nós não!

Naquela noite, Márcia não conseguiu conciliar o sono. Virava-se na cama de um lado para o outro, mas os pensamentos vinham-lhe à mente como torrentes d'água. Inquieta, achou por bem levantar-se. Acordando assustado, Luís, seu marido, perguntou:

— Márcia, o que está acontecendo?

— Sinceramente, nem eu sei. Deve ser o ar abafado do quarto. Está quente, não acha?, respondeu a jovem senhora.

— Querida, o ar-condicionado está ligado! Estou usando até uma manta!

Levantando-se da cama, Luís puxou a esposa para perto de si. Com carinho, disse-lhe:

— Venha cá. Vou medir sua pressão e tirar-lhe a temperatura. Do jeito que você é dorminhoca, basta sentar-se na cama que já dorme. Para estar assim, algo está errado! — Examinando-a com cuidado, o médico disse: — A pressão está normal e também não há febre. Quando foi sua última menstruação? Pode ser isso também.

— É, querido, você tem razão, acho que se trata da TPM — respondeu a mulher, dando graças pelo próprio marido ter apontado uma saída que justificasse sua noite maldormida.

Após os exames, Luís foi até sua maleta e pegou um vidro de remédio. Passando-o para as mãos da esposa, disse:

— Venha, vou te dar esse medicamento. Depois de tomá-lo, quero que durma. Afinal, viemos para a fazenda para descansar e cuidar de nossa saúde, não para ficarmos doentes.

Os dias passaram rápidos na fazenda. Com a proximidade da volta para a capital inglesa, Angélica e Hortência trataram de filmar tudo o que puderam e fotografaram tudo e todos. Apenas uma pessoa não quis aparecer nas filmagens e nas fotos: Márcia.

Após a despedida de todos os presentes, as gêmeas entraram no carro. Maria Luiza, abraçando Márcia, fazia questão de reforçar à jovem senhora o convite para ir ao Brasil.

Enquanto o carro se afastava, Márcia, acenando para os viajantes, pensava: "Não, bela Maria Luiza, não desejo mais vê-la! Apesar de ter gostado muito de você e de suas filhas, não quero mais encontrá-las!"

XI
O plano toma forma

De volta à casa da avó materna, no centro de Londres, Angélica e Hortência foram recebidas por Albert e Gilberto com duas grandes novidades: Gregório e Rafael tinham ligado várias vezes e um jantar com a família de Régis havia sido marcado.

Durante o bate-papo, Gilberto explicou:

— Coincidentemente, como por obra do destino, adivinhem quem encontrei quando fui visitar o museu de instrumentos musicais? Sim, exatamente ele: Régis! Aí, não tive alternativa. Tive de marcar um jantar para daqui a dois dias. Mas acho que vocês terão tempo suficiente para comprar roupas, arrumar os cabelos e tudo o mais — disse o maestro, rindo.

Maria Luiza empalideceu. Imediatamente, pensou: "Meu Deus! Não quero ir a esse jantar! Isso me machucaria demais!"

A mãe, olhando para Maria Luiza, respondeu ao maestro:

— Meu genro, acho que essa será uma boa oportunidade para todos nós! Quero conhecer esse jovem músico de perto e saber se é verdade o que dizem dele por aí!

— E o que dizem dele por aí, vovó? — perguntou Angélica, interessada.

— Dizem que ele é um excelente músico. Inclusive, até comparam o estilo dele com o de seu pai! Ah, e também dizem que ele é muito gentil e educado com as pessoas.

Após a breve conversa, as gêmeas se retiraram da sala de estar. Porém, Gilberto notou que Hortência estava muito magra. Preocupado, esperou que a sogra e o marido se retirassem do recinto e sentou-se ao lado da esposa em um confortável sofá.

Entre uma conversa e outra, o maestro e Maria Luiza falaram sobre a visita feita à fazenda de tio Luís. Empolgada, a esposa dizia:

— Meu querido, foi realmente uma pena você não ter podido ir conosco. A esposa de tio Luís é um amor de pessoa. Na despedida, acabei convidando ela e a família para uma visita ao Brasil.

Ainda cismado com a saúde de Hortência, Gilberto mudou o rumo da conversa:

— Maria Luiza, fale-me sobre Hortência. Estou muito preocupado com ela. A cada dia que passa, essa menina fica mais magra, mais abatida. Você sabe algo a respeito disso?

— Querido, tenho feito tudo para estar ao lado dela. Percebi que nossa filha anda se alimentando mal e que também se esforça para não demonstrar sua tristeza. Não sei mais o que fazer para animá-la. Acho que seria interessante que você tivesse uma conversa com ela — disse Maria Luiza. — Sabe, não sei se deveria lhe contar, mas há algum tempo ouvi, sem querer, uma conversa das meninas, em que ambas demonstravam o desejo de terminar com os namorados tão logo chegassem ao Brasil.

— Mas que loucura é essa? — assustou-se o maestro. — Sabemos que Hortência é tão apaixonada por Gregório quanto Julieta por Romeu!

— Não sei o que está acontecendo, Gilberto. Desde nossa viagem de ano-novo, tanto Hortência quanto Angélica andam muito misteriosas.

— Ah, Maria Luiza, não crie fantasias! Naquela noite, Hortência passou mal por qualquer motivo que jamais saberemos, mas com os rapazes não houve nada, fique tranqüila.

— Meu Deus, como eu gostaria de acreditar que estou enganada! Mas meu coração de mãe me diz que algo está errado.

— Está bem, querida. Amanhã, aproveitarei para ter uma boa conversa com Hortência, mas acho conveniente que você, como mãe e mulher, tente arrancar algo de Angélica. Caso tenha acontecido de uma delas, ou mesmo as duas, terem-se deitado com os namorados, isso não será motivo para alardes. Fique calma. Tenho sentido que há algum tempo você está me evitando. Reconheço que nos últimos tempos não tenho sido um bom marido, mas vou melhorar, prometo. Quero também aproveitar para pedir-lhe desculpas e dizer que, a cada dia que passa, eu a amo mais!

Marido e mulher ficaram abraçados. A emoção que os envolvia fez com que duas silenciosas lágrimas corressem pelo rosto de Maria Luiza. Apesar de olhar com ternura para o marido, o rosto e os olhos do jovem músico insistiam em ficar entre eles.

No dia marcado para o jantar, Maria Luiza não encontrou outra saída a não ser comparecer ao encontro acompanhada da família. Porém, antes de saírem de casa, a mãe a advertiu:

— Minha filha, está na hora de irmos ao jantar! Lá, acabe de vez com essa ilusão que envolve seu coração. Pense que o jovem músico é apenas alguém que admira muito seu marido, a ponto de desejar até a esposa. Afinal, você é a mulher do grande maestro que, por onde passa, chama a atenção! Assuma isso, fique ao lado de Gilberto e sorria sempre!

Em suntuoso restaurante, Régis chegou elegantemente vestido, acompanhado dos pais. Ao avistar o maestro, foi ao seu encontro, cumprimentando-o primeiro e em seguida todos os demais presentes. Por último, chegou a Maria Luiza e beijou-lhe a mão, convidando-a para sentar-se.

Durante o jantar, as famílias conversaram animadamente sobre música, a viagem de Maria Luiza, de sua mãe e das filhas à fazenda e o retorno ao Brasil nos próximos dias.

Em lados opostos da mesa, os olhos de Régis e de Maria Luiza procuravam-se insistentemente. Por mais que tentassem disfarçar a atenção para outro lugar, ambos cediam aos apelos de seus corações, manifestando com olhares o que seus lábios não podiam dizer.

Um pouco mais tarde, quando a orquestra da casa estava pronta para começar sua apresentação, um dos músicos reconheceu os dois ilustres maestros presentes e, em homenagem a eles, tocou a canção composta por Gilberto, cuja inspiração fora Maria Luiza.

Enquanto suave melodia tomava conta do local, fazendo suspirar a todos, Régis levantou-se de seu assento e pediu ao maestro:

— Caro maestro, o senhor me permite dançar com a musa inspiradora dessa canção?

— Claro que sim, meu jovem!

Nos braços do músico, Maria Luiza parecia sonhar, flutuar... Ou seria um pesadelo? Ali, na pista, permaneciam em silêncio, apenas o pulsar dos corações os aproximando.

Embalados pela canção, o jovem músico guiou Maria Luiza para o outro lado do salão e pediu:

— Maria Luiza, por favor, olhe dentro dos meus olhos e responda-me uma coisa: você me ama? Preciso dessa certeza para continuar vivendo.

Hipnotizada pelo olhar que atormentava sua alma, ela respondeu:

— Sim! Eu o amo como jamais imaginei amar alguém em minha vida. Sei que não posso, que não tenho esse direito, mas o amo com todas as forças do meu coração! — Em seguida, baixando os olhos, pediu: — Por favor, vamos voltar para a mesa?

— Não! A música não terminou. — Puxando-a para perto de si, falou próximo ao seu ouvido: — Meu amor, quero que guarde esses nossos momentos como se fossem eternos. Jamais a esquecerei! Nunca pensei ser capaz de amar alguém tanto assim!

No dia da viagem de volta ao Brasil, no aeroporto, Hortência estava calada. Amanhecera com profundas olheiras e não se servira de nada no café da manhã.

No avião que as levava de volta aos respectivos namorados, Angélica perguntou:

— Hortência, você já decidiu o que vai fazer com Gregório? — A jovem ficou em silêncio. Angélica continuou: — Assim que estiver em casa, ligarei para Rafael, direi que encontrei um ex-namorado em Londres, que reatamos o namoro e que, por isso, não poderei mais ficar com ele. Quanto a você, não sei o que resolveu a respeito de Gregório. Como já lhe disse, se desejar continuar com ele, fique à vontade. Porém, apenas não pode contar nada sobre o que aconteceu entre nós. Sabemos que tivemos nossas primeiras experiências sexuais e com quem as tivemos. E você jamais deverá contar isso a quem quer que seja!

Hortência, com voz fraca, respondeu:

— Angélica, já tomei minha decisão: terminarei tudo com Gregório! E pode ficar tranqüila, pois nunca contarei a ninguém o que aconteceu. No entanto, para ser sincera, acredito que você sabe o que de fato aconteceu naquela noite. Acho que na bebida que me deu havia algo que me levou a perder a memória.

— Hortência! Que maldade é essa? — disse Angélica, dissimulando uma falsa indignação. — De que está me acusando? Se você está pensando isso de mim, eu mesma contarei aos nossos pais e namorados o que aconteceu! Vou agora mesmo onde estão papai e mamãe e contarei tudo! — Fazendo menção de levantar-se, Hortência puxou a irmã pelo braço.

— Perdoe-me, Angélica, devo estar ficando louca! Não, você não teve culpa de nada! — respondeu Hortência, em desespero.

Na chegada ao Brasil, Teodoro e Adriana foram ao aeroporto internacional recepcionar os amigos e patrões. Vendo-os de longe, o motorista comentou com a esposa:

— Meu Deus, Adriana, como Hortência está magra! Pelo visto, nossa pobre menina não melhorou nada! Coitadinha!

Em casa, Maria Luiza, saudosa do lar e de seu jardim, olhava tudo com admiração. Gilberto também aproveitou para matar a saudade de seus instrumentos, enquanto as gêmeas dirigiam-se cada uma a seus quartos, com o pretexto de ligar para os namorados.

Nos dias que se seguiram, a rotina da casa de Gilberto mudou. Hortência, enfurnada em seu quarto, não se alimentava nem falava com ninguém.

Em uma tarde ensolarada, preocupado com o comportamento de Hortência, Gregório procurou Gilberto e Maria Luiza. Como não conseguia entender o porquê da atitude da jovem, resolveu conversar com os pais dela, a fim de descobrir algo que pudesse acalmar seu apaixonado coração.

Desde a fatídica noite no iate, Hortência fechara-se para o mundo. Nem mesmo com Adriana, a quem tinha verdadeira adoração, a jovem se abrira.

Uma semana depois de chegar ao Brasil, Angélica desfez seu compromisso com Rafael, alegando ter encontrado um ex-namorado e dizendo não poder enganá-lo. Desesperado, o rapaz falava:

— Angélica, o que está acontecendo? Você não pode fazer isso comigo sem mais nem menos! E o que houve entre nós, não conta?

— Rafael, sou maior de idade! Não me arrependo do que fiz, mas também não me casarei com você! Simplesmente descobri que não o amo!

Após discutirem muito, Rafael achou por bem não falar mais no assunto; apenas disse:

— Tudo bem, Angélica, não insistirei mais. Se você mudar de idéia, sabe onde me encontrar.

Após despedir-se de Rafael, Angélica pôs em prática a segunda parte de seu sórdido e maquiavélico plano: ligou imediatamente para Gregório, pedindo-lhe que tivesse paciência com a irmã. Dissimulando a voz, disse de forma mansa ao jovem que a própria Hortência lhe havia contado o que acontecera entre eles na noite de ano-novo, que o manteria informado sobre o estado de saúde da irmã, transmitindo-lhe a falsa ilusão de uma reaproximação entre eles. Inconformado, Gregório insistia. Todos os dias, mandava flores e cartões apaixonados para a amada.

A cada dia, Hortência sofria e definhava a olhos vistos. Maria Luiza e Gilberto sofriam com ela, mas não conseguiam entender o que estava acontecendo. Enquanto isso, Gregório estava no auge de seu desespero. Aconselhado pelo avô e pela própria Angélica, que parecia solidária em seus gestos, o jovem viajou para a Grécia, a fim de clarear a mente e colocar as idéias em ordem.

Um mês depois da viagem de Gregório, Angélica começou a sentir enjôos freqüentes e passava os dias indisposta. Não tardou muito para descobrir que estava grávida. Desesperada, sentada no pequeno sofá de seu quarto, pensava: "Meu Deus! Não posso ter esse filho em hipótese alguma! Isso não será possível!". Passando a mão pela barriga, refletia: "Ah, se as circunstâncias fossem outras, esse filho seria o melhor presente do mundo! Um filho meu e de Gregório!" Recobrando a personalidade má, disse em voz alta:

— Droga! Preciso tirar essa criança imediatamente! Quando estiver casada com Gregório, voltarei a engravidar.

Nos dias que se seguiram, Angélica procurou uma amiga, que a levou a uma clínica clandestina a fim de fazer o tão esperado aborto. Em uma tarde sombria e chuvosa, a jovem pagou alto valor para se livrar de uma gravidez que estava em sua programação de vida. Após poucas horas, deixou a clínica, voltando para o conforto do lar, mas também deixou lá um espírito revoltado, que, em prantos, gritava aos quatro ventos ter perdido a tão esperada oportunidade da reencarnação; que ela o jogara fora mais uma vez, como se fosse lixo, agora que ele já a amava como mãe.

Hortência, apesar de todos os cuidados e tratamentos médicos, piorava dia-a-dia. Os exames clínicos não revelavam qualquer tipo de doença, mas a fraqueza física dava campo a outras infecções.

Maria Luiza, no auge de sua aflição, fazia inúmeras promessas aos santos de sua devoção, pedindo pelo restabelecimento da filha. Prometera que, se Hortência ficasse curada, devotaria o restante de sua vida aos mais necessitados.

Desesperada, a jovem senhora buscava ajuda em Adriana e Teodoro. Completamente perdida, ela clamava aos amigos:

— Teodoro, Adriana, ajudem-me, pelo amor de Deus! Não sei mais o que fazer! Se continuar assim, minha filha vai morrer! Por tudo que é mais sagrado, ajudem uma mãe aflita!

O casal, sensibilizado com a situação da amiga, sugeriu:

— Maria Luiza, minha amiga, tenha fé em Deus! Você não gostaria de nos acompanhar a uma sessão da casa espírita que freqüentamos?

— Sim, meus amigos, desejo acompanhá-los. Mas, por favor, vamos rápido!

No centro espírita, Maria Luiza aguardava ansiosa pelo mentor da casa. Quando ele se aproximou, aplicou-lhe um passe e depois acrescentou em palavras:

— Querida irmã, procure viver em paz consigo mesma. Deus não quer seu sofrimento. Pelo contrário, precisa de sua alegria. Não se puna. Você não tem o direito de julgar a si mesma ou de se condenar. Tudo o que Deus faz tem um sentido.

Após o passe, o mentor aconselhou Maria Luiza a orar e pediu que ela convidasse todos os familiares a fazer o mesmo.

Decepcionada, a jovem senhora deixou o centro. Fora lá na esperança de ouvir as respostas que pudessem resolver seus problemas e, no entanto, quase nada ouvira da boca do mentor, o qual apenas lhe aconselhou a prática do Evangelho no lar.

Passados dois meses, Hortência era pele e osso. Completamente debilitada, não concatenava as idéias, delirava a maior parte do tempo, sorria, chorava e gritava. Gilberto e Maria Luiza, entristecidos, não encontravam explicação para a doença repentina que tomara conta da moça.

Gregório, avisado pelo avô sobre o débil estado de saúde da amada, viera da Grécia ao seu encontro. Já no Brasil, comunicou aos pais da jovem que faria uma visita. Ao entrar no quarto, a jovem, quando o viu, acalmou-se. Em seguida, com os olhos fixos no grande amor de sua vida, lágrimas rolaram pelo seu rosto emagrecido. Ele, olhando-a nos olhos, falou com emoção:

— Minha Hortência querida, você não faz idéia do amor que sinto por você. Não se preocupe, estou aqui. Ficarei a seu lado até você ficar curada e depois nos casaremos.

Prostrado ao lado da amada, Gregório ficou horas alisando seu rosto e sustentando suas mãos. Mais calma, a jovem serenou, fechou os olhos e adormeceu. Gilberto, agradecido ao rapaz, disse:

— Meu caro Gregório, você não tem idéia do bem que fez a Hortência. Há muito tempo ela não dorme com tanta tranqüilidade.

— Não tem o que agradecer, maestro. Estou aqui porque a amo. Amanhã, se o senhor me permitir, voltarei para vê-la.

— Fique à vontade, meu jovem. Tenho certeza de que sua presença fará muito bem à minha filha.

Ao deixar o quarto da namorada, Gregório encontrou Angélica na sala, banhada em lágrimas. Comovido, foi ao encontro dela, abraçou-a e disse:

— Não fique assim, Angélica. Estou aqui para ajudá-los.

Mais tarde, à noite, quando a enfermeira contratada para cuidar de Hortência chegou, foi informada de que sua paciente apresentara significativa melhora. Feliz com a notícia, a bondosa senhora foi até o quarto da enferma, a fim de dar-lhe o jantar. Ao chegar ao quarto, notou que Hortência estava imóvel. Puxando o lençol que a cobria, percebeu que sua mão estava fria. Olhando-a mais atentamente, viu que ela não mais respirava. Assustada, deixou o quarto às pressas à procura de Gilberto e Maria Luiza, que chamaram o médico da família com urgência.

Meia hora depois, o médico estava ao lado do corpo inerte de Hortência, comunicando à família o desencarne da jovem. Ela morrera havia aproximadamente três horas, quando ainda estava de mãos dadas com Gregório, e tinha estampada no rosto uma expressão de verdadeira felicidade.

Abalada com a notícia, Maria Luiza entrou em choque e foi socorrida pelo médico, que lhe ministrou vários calmantes. O maestro, aos prantos, esmurrava a parede e gritava ensandecido, amparado por Teodoro:

— Meu Deus, por que não me levou? Por que levou a minha filha? Justo a minha filha! Senhor, como continuarei a viver sem uma delas?

XII
A vida segue outro curso

Sentado em sua sala, muito longe do Brasil, o jovem músico empalideceu ao ler a manchete no jornal que noticiava o falecimento de Hortência:

— Meu Deus, que tragédia! Como estará Maria Luiza? Preciso ir ao encontro dela! Tenho de fazer alguma coisa!

Levantando-se imediatamente, Régis foi à procura do pai e comunicou-lhe o acontecido. Ouvindo com atenção o filho, Álvaro aconselhou:

— Meu filho, envie para a família um telegrama de pêsames. Nessas horas, não temos muito o que fazer. Nada é capaz de aliviar a dor de um pai e de uma mãe. Apenas o tempo pode fazê-lo.

Enquanto o rapaz se afastava, Álvaro deixou as lágrimas rolarem livres pelo seu rosto. Comovido, reviu mentalmente seu filho morto e pensou que nem sequer pôde chorar por ele.

No Brasil, a mãe de Maria Luiza estava ao lado da filha. Uma semana após o desencarne de Hortência, ela tentava convencer a todos:

— Meus queridos, acho que vocês deveriam deixar esta casa por algum tempo. Um afastamento temporário será importante e benéfico ao restabelecimento emocional de todos.

Gilberto concordou de pronto e sugeriu:

— É, minha sogra, acho que você tem razão. Poderíamos ir para a fazenda ou a um dos apartamentos da praia.

Angélica, amargurada, antecipou-se dizendo:

— Papai, gostaria de ficar em um de nossos apartamentos, aquele bem pertinho da praia. Ele é pequeno, mas acho que ficarei bem lá.

Maria Luiza, anestesiada, apenas ouvia. Gilberto, percebendo que ela estava distante, perguntou:

— Querida, o que você gostaria de fazer?

Saindo de seus devaneios, olhando fixamente para o marido, ela respondeu:

— Quero voltar para Londres com minha mãe! Preciso me afastar do Brasil por algum tempo. Não quero e não posso ficar aqui relembrando todo o sofrimento por que passou minha filha!

O maestro empalideceu. Atônito, pensou: "Não posso acreditar que Maria Luiza está querendo me deixar sozinho numa hora dessas! O que está acontecendo? Primeiro, Deus levou minha filha; agora, minha esposa não quer ficar ao meu lado?"

A mãe de Maria Luiza, percebendo pela fisionomia do genro o quanto ele estava sofrendo, tentou amenizar a situação:

— Filha, sei que você está abalada com tudo o que aconteceu, mas deve estar onde seu marido estiver. Todos estamos chocados com a morte de Hortência. Primeiro, vocês devem conversar; depois, com calma, resolverão o que fazer.

No outro dia, Maria Luiza estava de malas prontas para embarcar com a mãe para Londres. Gilberto, inconformado com a atitude da esposa, olhava para ela com um misto de pena e tristeza.

No aeroporto, abraçada ao marido e à filha, a jovem senhora despedia-se de ambos e, sem olhar para trás, desaparecia no portão de embarque. Angélica, ao observar a cena, chorava em silêncio agarrada ao pai e pensava: "O que será de mim agora? Perdi minha irmã e agora estou perdendo minha mãe!"

Um nó lhe sufocava a garganta. Desnorteada, refletia: "Meu Deus, eu nunca devia ter feito aquilo! Mas agora é tarde, não adianta chorar de arrependimento. Infelizmente não é possível voltar atrás. Sei que Hortência morreu por minha culpa".

Alguns dias depois da viagem da esposa, o maestro achou melhor passar uma temporada na fazenda. Angélica, de acordo com sua vontade, fora viver no pequeno apartamento da família, no litoral paulistano. Maria Luiza, em Londres, completamente abatida, amargurada e desequilibrada, evitava qualquer tipo de contato com o mundo exterior. Quando o marido ou a filha telefonavam, ela sempre pedia à mãe que inventasse alguma desculpa para não ter de atendê-los.

Gregório, após a morte de Hortência, ficara profundamente deprimido e resolvera viver na Grécia. Extremamente desanimado, precisou de intenso tratamento médico para voltar às suas atividades.

Em seu pequeno apartamento, Angélica continuava levando sua vidinha. Mal-intencionada, ainda mantinha contato com o avô de

Gregório, pois tinha esperança de que um dia o rapaz voltasse ao Brasil. Em belo dia, tão logo soube que o amado estava prestes a chegar a São Paulo, desligou o telefone dando pulos de alegria, pois estava com muita saudade dele.

Em pouco tempo, Gregório e Angélica estreitaram mais os laços que os uniam. Juntos, passeavam quase todos os dias, iam ao cemitério e choravam a morte de Hortência. Sem demora, o rapaz logo começou a freqüentar novamente a casa do maestro. Teodoro, que sempre os observava, comentava com a esposa:

— Nossa, Adriana, como Angélica mudou depois da morte de Hortência! Parece mais madura, responsável, preocupa-se mais com o pai. É bom saber que aos poucos tudo está voltando ao seu devido lugar, que a família está se reequilibrando de novo. É uma pena que Maria Luiza não esteja aqui.

Numa fria noite de inverno, seis meses após a morte de Hortência, Angélica e o pai estavam de volta à mansão. Porém, aquela noite não marcava apenas o retorno ao lar, mas algo muito mais especial.

Na grande sala, Teodoro acendia a lareira e se preparava, com a esposa, para a discreta cerimônia que aconteceria no local. Como Maria Luiza ainda estava em viagem, os fiéis amigos foram convidados para fazer as vezes da jovem senhora.

Arrumando a mesa da sala de jantar, Adriana lamentava:

— Angélica, é uma pena que sua mãe não esteja aqui. Você deveria ter insistido mais para que ela viesse. Onde já se viu Maria Luiza não estar presente à cerimônia de noivado da própria filha?

— Tia Adriana, mamãe ainda não está em condições de voltar ao Brasil. Mas tenho certeza de que ela estará conosco no meu casamento. Agora, vamos mudar de assunto, pois hoje é um dia muito especial para mim e não quero ficar triste nem causar tristeza aos outros.

— Tem razão, querida. Você está trazendo a vida de volta para nós! Não vejo a hora de vê-la casada, trazendo uma linda criança para nos alegrar!

Após discreto e emocionado jantar, Gregório, perante todos os presentes, pediu a mão de Angélica em casamento. No entanto, fizera questão de dizer que amara Hortência tanto quanto agora amava Angélica, que ambos respeitariam para sempre sua memória e que, se um dia tivessem uma filha, dariam a ela o nome de Hortência.

Comovidos com as belas palavras do jovem rapaz, todos enxugaram as lágrimas que lhes insistiam em cair pelo rosto. Felizes, os pais de Gregório fizeram um brinde, desejando ao casal felicidade eterna. Radiantes, os noivos decidiram marcar as bodas para dali a quatro meses.

Conforme prometera ao neto, o avô, após ouvir o anúncio oficial das bodas, puxou uma chave do bolso e entregou-a aos noivos, dizendo:

— Angélica e Gregório, este é o meu presente de casamento a vocês. Trata-se de um bom apartamento. Monte-o como desejarem.

Naquela noite, em razão das grandes emoções vividas, Angélica custou a pegar no sono. Quando estava quase adormecendo, ouviu bem perto uma criança chorar. Assustada, deu um salto e sentou-se na cama, procurando ver de onde vinha o choro.

Olhando ao redor, viu que as janelas do quarto estavam bem fechadas, mas as cortinas balançavam. Com os olhos arregalados, começou a sentir medo. “O que será isso?”, pensava.

Levantando-se de uma vez, acendeu a luz e ligou a TV. Já amanhecia quando adormeceu encostada nos travesseiros.

Em profundo sono, a jovem sonhou que encontrava Hortência com uma criança nos braços. Curiosa, ela perguntou:

— Hortência, de quem é essa criança e por que ela chora tanto?

— É seu filho com Gregório, Angélica. Você não se lembra do que fez com ele? Por que não me contou que estava grávida? Eu a teria ajudado! E como se sente agora ao lado de Gregório? Por acaso, você acha que ele nunca saberá o que fez?

— Saberá apenas se você contar! Mas você está morta! — respondeu Angélica.

— Não, minha irmã, não serei eu que contarei. Mas fique sabendo que nada escapa ao olhar de Deus. Você mesma deveria contar a Gregório o que fez. Se ele a perdoar, com certeza será feliz. Você quer segurar seu filho? Veja como ele se parece com o pai!

Após a breve conversa com a irmã, Angélica acordou sobressaltada. Não entendendo o que havia acontecido, pensou: "Meu Deus, que pesadelo! Mas parecida tão real! Acho que preciso mandar rezar com urgência uma missa pela alma de Hortência. Ela não deve estar aprovando meu noivado".

Dia após dia, Angélica tentava, sem sucesso, convencer a mãe a voltar ao Brasil para seu casamento. O maestro, que resolvera intervir a favor da filha, falava:

— Maria Luiza, você precisa estar aqui para o casamento de Angélica. Não é justo você sacrificar uma filha porque perdeu a outra. Como acha que ela se sente?

— Está bem, Gilberto, você tem razão. Estarei aí para o casamento de Angélica — concordou Maria Luiza.

Teodoro e Adriana animaram-se com a notícia. Finalmente, após tanto tempo, Maria Luiza estaria de volta. E eles fariam tudo para que ela ficasse.

Gilberto também ficou feliz com a volta da esposa. Havia muito tempo estavam separados, e agora, mais forte, ele faria o que fosse preciso para unir novamente a família e sabia que poderia contar com o apoio dos fiéis amigos, os quais tinham planos para ajudá-lo.

A morte de Hortência fora algo brusco, que modificara sobremaneira a vida do maestro e de toda a sua família. Ninguém conseguia entender como uma moça, na flor da idade, que tinha tudo para ser feliz, pudera morrer de tristeza, segundo constava nos laudos médicos. E pior: ninguém jamais conseguira entender a causa de tamanha desilusão.

Adriana, que sempre nutrira forte sentimento por Hortência, guardava todas as fotos da jovem, desde seu nascimento. Olhando o álbum, imagem por imagem, não tinha como não derramar lágrimas de saudade quando via aquele rosto iluminado transmitindo alegria e esperança. No fundo, por mais que implorasse a ajuda dos mentores para compreender a morte da adorada menina, não conseguia encontrar uma resposta que a convencesse.

Naquela noite, quase todas as pessoas que moravam na mansão não conseguiram conciliar o sono. Em seu quarto, com os olhos estatelados, Angélica via-se a cada dia mais e mais atormentada com os fantasmas de sua própria consciência.

Na casa da mãe, distante do Brasil, Maria Luiza tremia só de pensar que, ao retornar à terra natal, teria de enfrentar parte de uma história da qual não queria se lembrar, feridas abertas que ainda lhe martirizavam a alma. Refletindo profundamente sobre o trágico acontecimento que se abatera sobre sua família, seu coração de mãe gritava que Angélica estava envolvida no que havia motivado a morte de Hortência. Apesar de não querer pensar em tudo o que acontecera, pois preferia acreditar que aqueles pensamentos eram fruto de sua imaginação, algo clamava alto dentro dela, acusando-a de não ter tomado as providências necessárias.

Absorta em seus devaneios, a jovem senhora pensava: "Será mesmo obra do destino o casamento de Angélica e Gregório? Ah, meu Deus, são tantas as perguntas sem respostas! Mas e aquela conversa que ouvi entre Angélica e Hortência? Não! Preciso parar de pensar nisso ou ficarei louca! Não posso cometer uma injustiça com minha filha!"

Completamente confusa, desnorteada, os pensamentos de Maria Luiza misturavam-se. Ora os olhos do jovem músico lhe apareciam à mente, perturbando-lhe o coração, ora ela visualizava o rosto disforme da filha no caixão. Angustiada, pensava: "Não posso continuar vivendo dessa maneira! Preciso tirar de dentro de mim essas amargas lembranças! Mas essas são as únicas imagens que ainda fazem parte da minha vida. Deus, o que vou fazer?"

Ainda imersa em pesadas recordações, Maria Luiza pensou no marido, tentando buscar na memória o dia em que o conhecera. Um instante depois, sorriu ao lembrar-se do grande amor que vivera ao lado dele e viu seu sorriso desaparecer ao perceber que aquilo não mais a emocionava, que aquelas imagens eram como um sonho que se perdera no tempo.

Distante dali, sentado em confortável sofá, Gilberto folheava o álbum de fotos da família. Emocionado, não conseguia conter as grossas lágrimas que teimavam descer por sua face cansada.

Entretido com as imagens, uma em especial o fez sorrir melancolicamente. Hortência estava abraçada ao seu cãozinho poodle, ao qual dera o nome de "Príncipe".

Naquele momento, Gilberto, absorto nas recordações do passado, lembrava-se da alegria de Hortência ao receber o animalzinho. Afinal, um sonho na vida dela se realizava. Sorrindo, veio-lhe à mente a outra filha, Angélica, que nunca demonstrara muito apreço por cachorros. Ela era geniosa, impaciente, descuidada. Apesar de serem gêmeas idênticas, a diferença entre elas era gritante. Muitas vezes, ele tivera de intervir nas brigas entre as irmãs. Angélica, relaxada, manchava e rasgava suas roupas e sapatos e depois pegava os de Hortência.

Estático, olhos distantes, o maestro pensou no filho e em como ele estaria. De repente, dera-se conta de que já tivera os três filhos juntos à mesa e que, em breve, estaria sentando diante dessa mesma mesa sozinho, sem nenhum deles.

"Deus, o que fiz de errado na vida para pagar um preço tão alto? Foi-me tirado o direito de saber da existência de meu filho; depois, foi-me levada uma filha sem que eu nada pudesse fazer. Em vez de Hortência, por que não fui levado no lugar dela? Isso é um castigo?", clamou, olhando para o alto, em desespero.

No fundo, o maestro sabia que também estava perdendo Maria Luiza. Atônito, pensava: "Deus, o que será de mim? Trabalhei uma vida toda levando alegria aos lares, ajudando a unir famílias com as minhas canções. Agora, onde está essa mesma alegria que não entrou em minha casa?"

Cabisbaixo, coração opresso, ele decidiu que esperaria Maria Luiza chegar ao Brasil, para que, assim, pudesse dar um novo rumo à sua vida. Como perdera parte do que lhe era mais caro, muitas coisas não mais lhe interessavam. Iria para onde Maria Luiza quisesse, pois a única coisa que importava era estar ao lado dela.

No outro dia cedo, Maria Luiza, cansada de ficar em casa, despediu-se da mãe, dizendo:

— Mamãe, não se preocupe comigo. Sairei para fazer algumas compras. Estou precisando caminhar um pouco, ver gente. Quem sabe assim eu me animo?

Solícita, a mãe perguntou:

— Tem certeza de que não precisa de companhia? Posso ir com você.

— Não, mamãe, obrigada. Preciso ir me acostumando a andar sozinha. Se tenho de continuar vivendo, tenho de reaprender a viver — respondeu Maria Luiza.

A mãe alegrou-se ao ver a filha tão disposta. Maria Luiza estava maquiada e bem-vestida, o que deixou sua mãe bastante alegre. Afinal, a filha voltava a ter vontade de viver.

"Graças a Deus, aos poucos as coisas estão entrando nos eixos. Em breve, quando voltar ao Brasil, minha filha reencontrará definitivamente o marido", pensava a mãe de Maria Luiza.

Saindo da casa da mãe, caminhando a passos lentos, Maria Luiza foi em direção ao shopping. Ao chegar lá, andou tranqüilamente pelo *boulevard* e em seguida dirigiu-se às vitrinas. Após as compras, resolveu entrar em uma loja de artigos masculinos, a fim de comprar algo para Gregório e Gilberto. Porém, quando entrou no recinto, esbarrou em um jovem rapaz. Assustada, não acreditou no que vira: o jovem músico estava diante de si; o homem que insistia em lhe atormentar a alma!

Frente a frente, Maria Luiza e Régis ficaram se olhando, em silêncio. Minutos depois, ele esticou a mão para cumprimentá-la e, num impulso, abraçou-a sem dizer nada. Com os olhos marejados, ele olhava para ela, contendo a respiração. Como tinha ciência da morte de Hortência, não a queria magoar ainda mais com perguntas.

Quebrando o silêncio que os separava, Régis convidou:

— Maria Luiza, que surpresa! Não sabia que você estava em Londres! Podemos tomar um café?

— Também estou surpresa em vê-lo. Obrigada pelo convite, mas estou com pressa.

— Por favor, apenas alguns minutos — insistiu o rapaz.

Como algo dentro dela desejava aceitar o convite, Maria Luiza resolveu acompanhá-lo.

Acomodados em aconchegante cafeteria, Régis, quebrando o silêncio mais uma vez, disse:

— Foi muito bom tê-la encontrado aqui. E ainda há quem diga que destino não existe! Hoje pela manhã, não sei por que, mas me deu vontade de vir pessoalmente comprar o presente de aniversário de meu pai. Em geral, ligo na loja, peço alguma sugestão à vendedora e o presente é entregue na minha casa. Mas hoje foi diferente. Tive ímpetos de vir eu mesmo, e agora sei o porquê do meu desejo.

Cabisbaixa, ela respondeu:

— Depois de tanto sofrimento, hoje é o primeiro dia que saio para um passeio, desde que cheguei a Londres.

— Ah, Maria Luiza, lamento muito todo esse sofrimento! Mas vamos mudar de assunto, pois não quero magoá-la ainda mais com essas lembranças. A propósito, onde está o maestro? — perguntou ele, sorvendo um gole de café.

— Ficou no Brasil. Aliás, desde a morte de Hortência não vejo meu marido. Estou aqui com minha mãe, mas devo voltar para lá daqui a dois dias. Minha filha Angélica vai se casar com o ex-noivo da irmã. — Ela baixou a cabeça, olhando para a xícara.

— Gregório é um excelente rapaz. Tenho certeza de que fará sua filha feliz — completou o jovem músico.

Olhando-a nos olhos, Régis ficou observando o rosto dela, que mais parecia o de um anjo, com sua tez lisa e delicada. Embevecido com a imagem que via diante de si, ele pensava: "Ela estava aqui o tempo todo, tão perto, e só agora o destino resolveu nos aproximar. Por quê?"

— Você está voltando definitivamente para sua casa? — perguntou o rapaz, com o coração apertado, rompendo mais uma vez o silêncio que insistia separá-los.

Ainda cabisbaixa, ela respondeu:

— Não. Além de ir para o casamento de Angélica, estou indo resolver uma situação: meu casamento com Gilberto. Como depois da morte de Hortência as coisas ficaram no ar, não é justo que eu o deixe à espera, sem alguma definição. Ele merece ser feliz com outra pessoa, refazer a vida.

Surpreso com a revelação de Maria Luiza, Régis ainda arriscou perguntar:

— E o que pretende fazer depois disso?

— Não sei. Ainda não pensei em mim. A única coisa que sei é que preciso resolver essa situação.

O rapaz ficou em silêncio por alguns minutos. Em seguida, disse:

— Maria Luiza, pense bem no que vai fazer. Você e o maestro sofreram um choque muito forte. Não se precipite. Uma separação é sempre muito difícil.

Sem nada responder, ela levantou-se e agradeceu o café. Porém, antes de sair, ele a segurou pelo braço e pediu:

— Maria Luiza, sofri por você esse tempo todo. Agora que o destino nos colocou no mesmo caminho, não posso deixá-la partir assim.

— E o que você quer de mim? — perguntou ela.

— Eu a quero tanto quanto você me quer! — respondeu ele, puxando-a ao encontro do peito. — Não planejamos esse encontro; simplesmente aconteceu! Eu a amo e você me ama! Nunca fiz nada para tirá-la do homem que eu também admiro muito, mas, se o destino me deu a chance de tê-la, não vou perdê-la!

Puxando-a mais para perto de si, Régis colou seus lábios nos de Maria Luiza, e ambos se entregaram a um ardente beijo. Em seguida, de mãos dadas como dois adolescentes, o casal saiu caminhando pelo shopping, distraidamente, olhando todas as vitrines. Envolvida pelo momento, Maria Luiza esqueceu-se de que se fazia tarde. Quando voltou à realidade, lembrou-se de que a mãe deveria estar preocupada com seu sumiço.

Em casa, a mãe de Maria Luiza andava de um lado para outro, inquieta:

— Meu Deus, onde estará essa menina? Por que ela está demorando tanto? Eu não deveria tê-la deixado sair sozinha!

O marido, embora preocupado, tentou acalmá-la, dizendo:

— Calma, querida! Daqui a pouco ela estará aqui, você vai ver!

Instantes depois, o telefone tocou. Ansiosa, a mãe de Maria Luiza correu para atendê-lo. Do outro lado da linha, a filha acalmava a mãe e desculpava-se:

— Mamãe, perdoe-me não ter ligado antes. É que encontrei uma pessoa muito amiga no shopping e ficamos andando para cima e para baixo. Apenas agora me dei conta de que é tarde.

A mãe ficou intrigada. "Quem Maria Luiza encontraria aqui em Londres? E mais estranho: quem a faria esquecer as horas?", pensou.

Por alguns segundos, veio-lhe à lembrança a imagem do músico. "Não, essa não! Deus me livre! Minha filha vai voltar para casa e para o marido!"

Quando Maria Luiza chegou, suas faces estavam coradas, os cabelos, em desalinho, e seu rosto sem maquiagem. A mãe, ao olhar para ela, sentiu um aperto no coração.

— Filha, que bom que você chegou! Eu estava com tanto medo! Sua demora me deixou aflita! Apenas quando você ligou pude aquietar meu coração. Mas, sem querer me intrometer em sua vida, posso saber quem foi a pessoa que lhe fez tão bem?

— Pode, sim, mamãe. Como sempre, você é a primeira pessoa que deve saber tudo sobre mim. Estive com Régis. Nós nos encontramos por acaso no shopping, logo cedo, e ficamos juntos até agora. Sabe, mamãe, de repente muitas coisas vieram à tona. Não pretendo ficar morando no Brasil. Antes mesmo de me encontrar com Régis, já havia decidido me separar de Gilberto e ser feliz com quem amo. Mamãe, não quero enganá-la. Somos amigas e sempre lhe contei tudo sobre minha vida. Essa é uma decisão muito difícil para mim. Eu não poderia deixar de lhe falar a verdade.

— Santo Deus, Maria Luiza! Como seu pai vai se sentir? Você sabe o carinho e o respeito que ele tem por Gilberto. Além de vê-lo como empresário, ele o vê como filho!

— Mamãe, acredito que papai me entenderá e gostaria muito que a senhora também me compreendesse. Nunca pensei em prejudicar meu marido nem tampouco planejei nada do que está acontecendo, sejam coisas boas ou ruins. Elas simplesmente aconteceram.

— Tudo bem, filha. Estarei sempre ao seu lado, mesmo discordando de suas decisões. Agora, por favor, vá tomar um banho e venha saborear uma sopa bem quentinha conosco.

A moça beijou o rosto da mãe e subiu correndo para o quarto. Nem parecia mais aquela mulher triste e amarga de outrora. Ao contrário, parecia uma adolescente.

Na hora do jantar, sentando-se à mesa, o padrasto de Maria Luiza disse para a esposa:

— Querida, tenha calma. Não temos o direito de interferir nas decisões de Maria Luiza.

— É verdade. Você viu o bem que esse rapaz fez a ela? Há muito tempo não vejo minha filha dar um sorriso tão lindo. O que posso fazer é rezar e pedir a Deus que aconteça o que for melhor para todos — respondeu ela.

No outro dia cedo, Maria Luiza levantou-se e arrumou-se com esmero. A mãe, encantada com a aparência e a disposição da filha, perguntou:

— Você vai passar o dia com ele?

Falando baixinho no ouvido da mãe, ela respondeu:

— Vou, mas não se preocupe comigo. Ligarei mais tarde, para você ficar tranqüila.

Sentada na poltrona do avião que a levava de volta ao Brasil, Maria Luiza recordava-se dos dois últimos dias que passara ao lado de Régis, os quais lhe pareceram uma eternidade. Saudosa, ela imaginava que, dali em diante, seria impossível viver longe dele.

Ao desembarcar no aeroporto internacional, seu pai, a filha e o marido estavam à sua espera. Acenando feliz para ela, Gilberto percebeu o quanto ela estava linda.

Vendo-a aproximar-se, ele não pôde conter as lágrimas de saudade e emoção que teimavam brotar em seus olhos. Chegando mais perto dela, tentou beijar-lhe os lábios, mas ela desviou levemente o rosto. Apesar de estranhar o comportamento da esposa, ele ainda colocou os braços sobre os ombros dela, protegendo-a dos flashes de vários jornalistas que acompanhavam o maestro onde quer que ele estivesse. A morte de Hortência havia sido um "prato cheio" para a imprensa.

Algumas horas depois, ao chegar à mansão, Maria Luiza foi recebida com lágrimas nos olhos pelos amigos Teodoro e Adriana. Olhando ao seu redor, viu como o jardim estava florido. Emocionada, deteve-se um pouco mais quando sentiu as delicadas hortênsias exalando seu perfume e balançando-se como se dessem as boas-vindas à dona da casa. Do outro lado, o canteiro de angélicas também se sobressaía, deixando o ambiente mais belo.

Após contemplar o maravilhoso jardim, Maria Luiza adentrou na sala da mansão. No entanto, tinha a sensação de que aquela era a primeira vez que estava naquele local, tendo em vista que tudo parecia muito distante e desconhecido.

Passeando calmamente pela grande sala, o mordomo veio ao seu encontro para pegar as malas. Em seguida, levou-as para o quarto do casal, que estava impecavelmente limpo e perfumado.

O pai da jovem senhora, alegre e satisfeito, não cansava de fazer-lhe elogios. Gilberto apenas a observava e pensava: "Meus Deus, como Maria Luiza está linda! Agora, vendo-a novamente, tenho certeza de que ela é minha vida! Para ficar ao lado dela, abrirei mão de qualquer coisa. Farei tudo da forma como ela desejar".

No fim da tarde, Maria Luiza foi até o quarto de Angélica. Conversando com a filha, ficou sabendo que ela e o futuro marido passariam a lua-de-mel na Grécia e que, ao retornar, morariam no apartamento que haviam ganhado de presente do avô de Gregório, apesar de o maestro insistir para que eles viessem morar na mansão.

Animada, Angélica continuou a conversa:

— Mamãe, graças a Deus você está de volta! Assim, sinto-me mais tranqüila. Eu não ficaria sossegada deixando papai sozinho.

— Querida, quero que você vá em paz para sua lua-de-mel. Eu e seu pai resolveremos nossa vida. Por ora, desejo que você e seu futuro marido sejam muito felizes. Afinal, Gregório é um rapaz de ouro! — disse Maria Luiza.

— Mamãe, estou muito feliz. Mas, antes, gostaria que a senhora soubesse que eu e Gregório resolvemos ficar juntos muito tempo depois da morte de Hortência.

— Querida, não vamos falar nisso agora. O importante é que vocês estão bem e vão se casar daqui a uma semana! Agora vamos, pois temos muito a fazer.

Já era tarde da noite quando Maria Luiza recolheu-se a seus aposentos. Instantes depois, Gilberto também fora repousar. Antes, porém, sentou-se em confortável poltrona e falou para a esposa:

— Maria Luiza, você não gostaria de sentar-se ao meu lado? Acho que temos muito o que dizer um ao outro. No entanto, antes de mais nada, quero que saiba que você é a mulher da minha vida! Eu a amo e a quero ao meu lado!

Constrangida, ela respondeu:

— Gilberto, nunca imaginei que um dia eu pudesse pedir isso a você, mas, por favor, desejo ficar sozinha nesse quarto.

O maestro empalideceu!

— Você está me dizendo que não me quer a seu lado? — perguntou com voz rouca.

— Por favor, entenda, quero ficar sozinha. Se permitisse que você permanecesse aqui, eu o estaria machucando e também a mim mesma. Não desejo dormir com você.

— Mas o que foi que fiz para você me rejeitar assim, Maria Luiza? Não tive culpa pela morte de nossa filha! Sofri muito e continuo sofrendo tanto quanto você a perda de Hortência. Por isso, peço-lhe: vamos nos dar uma chance! Vamos tentar ficar juntos de novo! — disse o maestro, desesperado.

— Gilberto, voltei para o Brasil apenas para o casamento de Angélica e para pedir a separação. Não pretendo continuar morando aqui — falou Maria Luiza, decidida.

O maestro estava pálido. Trêmulo, levantou-se do sofá, incrédulo com as palavras que acabara de ouvir. Tentando reverter a situação, disse:

— Por favor, Maria Luiza, sei que você ainda está muito sensibilizada com tudo o que aconteceu. Mas posso esperar o tempo que for necessário até que tudo volte ao normal. Só não repita mais isso, está bem?

— Gilberto, não há mais nada dentro de mim para ser resolvido, porque jamais poderei ter de volta aquilo que perdi. Agora, o que necessito é seguir adiante e fazer as coisas que precisam ser feitas. Em suma, quero vê-lo feliz, mas desejo tentar ser feliz também.

Dois dias após o casamento de Angélica, Maria Luiza, com o coração mais aliviado, iniciou os preparativos para sua volta a Londres. Antes, porém, foi até o túmulo da filha para levar um ramalhete de hortênsias colhido no próprio jardim. Ali, diante do jazigo, ficou muito tempo olhando a foto da bela menina e em seguida, em fervorosa oração, despediu-se: "Minha filha querida, nesse momento venho dizer-lhe adeus. Talvez eu nunca mais volte aqui, mas quero que saiba que você sempre estará em meu coração".

De volta à mansão, despediu-se de Teodoro e Adriana, recomendando ao fiel motorista que não abandonasse o amigo, pois o maestro precisaria muito dele. Ao chegar ao portão, olhou para trás. Naquele instante, colocava um ponto final no que ali ficava.

No aeroporto, Maria Luiza disse adeus ao pai, que a acompanhou até a plataforma de embarque, e pediu:

— Papai, tome conta de Gilberto. Dê-lhe o máximo de atenção que puder.

O pai, segurando a mão da filha, perguntou:

— Minha filha, se eu bem a conheço, você e o músico se encontraram, estou certo?

— Sim, papai, o senhor está certo, nós nos encontramos. No entanto, minha decisão de me separar de Gilberto já estava tomada. Não estou me separando por causa de Régis, mas pelo que me pede meu coração.

— Maria Luiza, minha filha, não estou aqui para julgá-la. Jamais duvidei de sua dignidade. Aliás, sei que você herdou o caráter de sua mãe. Você seria incapaz de enganar seu marido. Quero que seja feliz! Eu a abençôo em sua decisão. E não deixe de me mandar notícias. Assim que puder, irei para Londres vê-la.

XIII Três corações e uma história

Um ano após a separação, o maestro tornou-se o homem mais cobiçado pelas mulheres solteiras e divorciadas da alta sociedade. Os cabelos grisalhos davam-lhe um charme todo especial.

Certo dia, em um programa de entrevistas, foi inquirido pelo apresentador sobre a belíssima canção que acabara de compor, a qual falava de amor e saudade. Emocionado, ele respondeu:

— Essa música foi inspirada em minha ex-mulher. Mas devo dizer que o amor de um homem está dentro dele, nunca fora. Compus essa canção referindo-me a mim mesmo, falando de amor e nostalgia, pois sinto saudade de muitas coisas, inclusive do que ainda não vivi.

Na Europa, Maria Luiza levava uma vida agitada. O sucesso do atual marido roubava-lhe horas e horas de sua companhia, mas o amor que os unia superava qualquer obstáculo.

Antes de seu casamento com Régis, o pai do rapaz e Gilberto conversaram algumas vezes por telefone, onde expressaram toda a sua preocupação com a união do casal; afinal, o maestro era pai de Régis. No entanto, chegaram à conclusão de que nada podiam fazer contra a decisão dos dois. Mas várias perguntas ficavam sem respostas: valeria a pena contar toda a verdade? Como reagiria Maria Luiza ao saber que seu grande amor era irmão de suas próprias filhas? Como se sentiria o rapaz ao ter conhecimento de que a mulher que amava era, na realidade, a mulher de seu pai e que ele vivia no lugar de outro que havia morrido? Raquel, mãe de Régis, suportaria saber que não era a mãe legítima do rapaz e que seu filho verdadeiro estava morto? E Márcia? Qual seria sua reação ao ter ciência de que o filho estava vivo? Como ficaria sua situação perante o marido?

Diante de todas essas questões, Gilberto e doutor Álvaro resolveram se calar e carregar juntos mais este peso.

Em bela e ensolarada tarde, Angélica anunciava a todos sua gravidez. A notícia fora recebida pela família dela e de Gregório com muita alegria, como um presente do céu. Logo mais, no quarto mês de gestação, fora constado que ela daria à luz duas crianças, mas o sexo dos bebês ainda era um mistério.

Vendo os exames da filha, Gilberto chorou ao lembrar-se da alegria que sentira quando Angélica e Hortência nasceram. Maria Luiza, longe dali, também chorava, comovida, e recordava-se do quanto amara saber que seria mãe de duas meninas, até a hora em que Deus resolvera lhe tirar uma.

A vida corria normal para todos. Certa noite, Angélica acordou aos gritos pedindo socorro, dizendo que alguém lhe apertava a garganta. Durante os dias que se seguiram, a pobre moça sofria. Tinha medo de adormecer, pois, quando dormia, os pesadelos voltavam com toda a força. Adriana, sempre a seu lado, pedia ajuda aos mentores, para que estes pudessem interceder pela moça. Certa noite, enquanto vibrava por Angélica, um mentor manifestou-se:

— Minha irmã, Angélica sofre porque não permitiu que um espírito, que seria seu filho, viesse ao mundo por intermédio dela. Esse espírito, também nosso irmão, ainda está muito ferido e revoltado. No entanto, só ela poderá buscar a harmonia e a paz para sua vida. Isso só depende dela.

No plano espiritual, Hortência lutava para convencer Artur a aceitar novamente Angélica como mãe, com o mesmo amor de outrora. Abraçada ao pobre irmãozinho, que chorava muito e trazia seu corpo espiritual deformado em razão do aborto provocado pela vaidade e o egoísmo de Angélica, Hortência o acalentava nos braços, lembrando-se de todo o seu sofrimento.

Artur revoltava-se cada vez que pensava que teria de reencarnar nos braços daquela a quem tanto havia desejado como mãe, mas que, pela terceira vez, o renegara como filho.

Hortência, comovida com o sofrimento do pobre espírito, relembrava a última passagem que tivera ao lado da irmã. A obsessão que Angélica tinha por Gregório afastava-a mais uma vez de Deus e de seus deveres espirituais. Mergulhando em suas recordações, voltava um pouco mais no tempo e em sua história carnal e espiritual ao lado de Angélica.

Em um passado distante, Gregório havia sido um importante nobre. Angélica, moça fidalga, caprichosa e herdeira de grande fortuna, fazia apenas o que queria, pois os pais a satisfaziam em todas as suas vontades. Hortência era moça humilde, dama de companhia de Angélica.

Angélica era cortejada por todos os homens da cidade, menos por um: Gregório. Inconformada com o desinteresse do rapaz, ela fazia de tudo para chamar-lhe a atenção, mas em vão. Quando o pai da jovem ofereceu sua mão em casamento, todos os pretendentes responderam imediatamente que adorariam tê-la como esposa, exceto Gregório, que enviou uma mensagem de agradecimento ao pai da moça, com outra oferta: desejava a mão de Hortência, a dama de companhia de Angélica. Era ela que lhe interessava.

Ao saber do conteúdo da mensagem, Angélica ficou furiosa com a afronta e, a partir dali, começou a arquitetar um plano para humilhar o rapaz. Para isso, chamou a dama de companhia e a forçou trocar com ela as roupas, os perfumes e tudo mais. Hortência tentou protestar, mas Angélica, usando de sua autoridade, obrigou a moça a se calar e a atender ao seu pedido. Em seguida, a ardilosa fidalga foi ao encontro do nobre, vestida de dama de companhia, com um lenço para lhe cobrir o rosto. Após o encontro, voltou radiante para casa, dizendo a Hortência que seu plano tivera êxito: enganara o pobre nobre! Daquele dia em diante, ela se divertia vestida de dama de companhia, obrigando Hortência a calar-se.

De fato, o jovem nobre estava realmente apaixonado por Hortência. Porém, o que ele não sabia era que quem comparecia aos encontros era Angélica, não sua amada.

Gregório estava disposto a desposar Hortência. Sabia que seria um grande escândalo pedir-lhe a mão em casamento, mas não se importava com isso. Assim, decidido, foi até o palácio de Angélica acertar com o pai da jovem, patrão de Hortência, o valor do dote e os detalhes finais para as bodas.

Gregório havia combinado tudo com a moça na noite anterior: tão logo formalizasse o pedido, o casamento seria anunciado e ele levaria a amada consigo no mesmo dia.

Ao chegar no palácio, o jovem nobre solicitou ao mordomo uma entrevista com o patrão de Hortência. Ao ser recebido pelo fidalgo, disse o motivo que o havia levado até lá. Angélica, presente à negociação, interveio dizendo:

— Papai, o senhor não pode aceitar de pronto o pedido do nobre rapaz. Antes, buscarei minha dama, para que ela mesma diga se aceita ou não casar-se com Gregório. Se for da vontade dela esse casamento, que assim seja. Do contrário, nada feito!

Deixando os dois homens a conversar na grande sala, Angélica saiu à procura de Hortência. Ao encontrá-la, disse à moça que um nobre jovem estava no palácio para pedir-lhe a mão em casamento. No entanto, alertou-a para não aceitar o pedido alegando não o amar e que não desejava afastar-se da patroa.

Quando Hortência adentrou o grande salão, foi inquirida pelo patrão:

— Hortência, esse nobre rapaz está aqui para pedir-lhe a mão em casamento. Estou de acordo com o pedido, mas Angélica acha que é você quem tem de decidir. Assim, quero saber se deseja partir em companhia de Gregório.

— Não, meu senhor, não desejo partir. Não amo esse nobre rapaz e jamais poderia enganá-lo.

Gregório, ao ouvir a resposta da jovem, deixou o palácio cheio de raiva. Indignado, pensava: "Como uma reles dama ousa brincar com meus sentimentos?! Ou será que sofreu algum tipo de represália da patroa?"

O jovem nobre estava confuso, não sabia o que pensar. Assim, achou melhor dar tempo ao tempo para descobrir a verdade.

Um mês após a humilhação passada por Gregório, Angélica começou a dar sinais de indisposição. Com enjôos recorrentes,

Hortência resolveu chamar uma experiente parteira dos arredores para visitar Angélica. Após a breve consulta, a parteira disse:

— Minha jovem, o problema de sua patroa é um só: ela está grávida!

Pálida, Hortência respondeu:

— Deus, como pode ser isso? Que eu saiba, Angélica não está comprometida com ninguém! E em uma condição dessas ela jamais arrumará um nobre que aceite se casar com ela e principalmente assumir o filho de outro!

Após a conversa com a parteira, Hortência resolveu falar com Angélica. Tentaria descobrir a verdade, para assim poder ajudar a patroa.

Entrando novamente no quarto da jovem fidalga, Hortência falou:

— Minha senhora, tenho uma triste notícia para lhe dar, mas nem ao menos sei por onde começar.

— Diga logo, Hortência, pois não tenho tempo a perder! Fale-me o que a parteira disse!

— Angélica, você está grávida! Agora, diga-me quem é o pai. É Gregório, o nobre que esteve aqui? Conte-me a verdade. Se quiser, posso falar com ele e quem sabe tudo não se resolve com um casamento.

Angélica quase enlouqueceu de raiva. Mandando chamar a parteira, gritou ensandecida:

— Escute aqui, preciso que você me arrume algo que arranque do meu ventre esse fruto indesejável! Não posso ter esse filho!

Hortência, tentando remediar a situação, interveio:

— Angélica, não se precipite. Podemos ir para a casa de campo. Lá, quando tiver o bebê, você pode dá-lo a mim. Eu o assumirei como se fosse meu.

Angélica não deu ouvidos a Hortência. Assim, algumas semanas depois, ingeriu o remédio preparado pela parteira e colocou fim à oportunidade de reencarnação de um espírito que já a considerava mãe.

Após o infeliz aborto, a caprichosa e egoísta fidalga começou a arquitetar outro plano: casaria-se com Gregório de qualquer maneira e, para isso, faria o que fosse necessário. Ela o queria atormentar a qualquer custo. Por isso, quando conseguisse seu intento, levaria Hortência para morar com eles, vingando-se definitivamente da afronta que ele a fizera passar rejeitando-a como esposa.

Gregório, magoado e sentindo-se desprezado por Hortência, caiu na cilada de Angélica. Algum tempo depois, resolveu pedir a mão da ardilosa fidalga em casamento, a qual lhe impôs uma condição: aceitaria seu pedido, desde que Hortência também fosse viver no palácio. Apesar de toda a mágoa que o jovem nobre ainda nutria pela dama, aceitou fazer a vontade da noiva.

Após as bodas, não tardou muito e vieram as brigas. Infeliz, Gregório passava os dias fora, visitando suas casas de campo. Quando voltava ao palácio, bebia descontroladamente e era áspero com todos, principalmente com a esposa.

Certa noite, Hortência foi acordada pela patroa, que lhe ordenou:

— Hortência, troque de roupa comigo. Preciso do amor de meu marido e, para isso, tenho de descobrir se a raiva que ele sente por mim é por sua causa ou por causa de outra mulher.

Sem ter outra alternativa, Hortência obedeceu à jovem fidalga. No dia seguinte, quando foi servir a patroa, notou que Gregório estava à mesa ao lado dela. Notando como ele a olhava, sentiu o sangue subir-lhe pelo rosto e pensou: "Meu Deus, o que Angélica aprontou? O que será de mim daqui em diante?"

Três meses passaram-se. Após o estratagema de Angélica, as brigas cessaram, e Gregório ficava mais tempo em casa e parecia bem calmo e cortês com a esposa.

Certo dia, quando Hortência servia o café da manhã para o casal, Angélica levantou-se da mesa correndo e foi em direção ao banheiro.

Assustada, Hortência foi atrás da patroa e viu que ela vomitava e suava sem parar. Desesperada, um calafrio percorreu-lhe a espinha quando pensou: "Deus, será que ela está grávida de novo? Se estiver, como explicará o fato a Gregório se dormem em quartos separados?"

Em pouco tempo a gravidez se confirmou. Espírito endurecido, ignorante, Angélica novamente ingeriu a beberagem preparada pela parteira para provocar outro aborto, mas, dessa vez, sem sucesso. A criança continuava crescendo em seu ventre.

No quarto mês de gestação, não conseguindo mais esconder a barriga, Angélica resolveu passar uma temporada em uma das casas de campo da família, até o nascimento do bebê. Mas antes arquitetou outro plano: Hortência deveria dizer a Gregório que estava grávida e precisava se ausentar do palácio por algum tempo para ter o filho deles. Deveria dizer ainda que Angélica sabia de tudo, inclusive de seus encontros amorosos, e que para não criar suspeitas ficaria com ela no campo até que o bebê, fruto da infidelidade do marido, nascesse.

Mais uma vez, Hortência não teve alternativa a não ser obedecer à patroa. Assim, teve de falar com Gregório perante Angélica, que, fingindo não se aborrecer, disse:

— Bem, diante dessa história que venho engolindo todo esse tempo calada, só tenho uma exigência a fazer: irei com Hortência para o campo, mas, quando a criança nascer, será criada como meu filho!

Gregório empalideceu. Jamais poderia esperar da esposa um gesto tão nobre. Ela desejava criar o filho de sua dama como se fosse seu!

Aliviado com a reação de Angélica, Gregório permitiu que Hortência e a esposa atravessassem os limites do palácio, indo em direção à casa de campo em que ele passara boa parte da infância.

Durante a gestação, Angélica foi obrigada a privar-se de várias coisas. Como desejava manter o peso, comia o suficiente para o desenvolvimento da criança, dizendo que, tão logo o bebê nascesse, precisaria estar com o corpo em forma. Por outro lado, sabendo do amor que o marido nutria pela dama, obrigava Hortência a comer tudo que pudesse engordá-la.

Algum tempo depois, numa triste e sombria tarde de inverno, nascia um menino muito pequeno. Completamente fora de peso, a criança nem sequer teve força para chorar após o nascimento. Quando o bebê foi posto em seus braços, Angélica o mandou amamentar com uma mamadeira, pois não desejava que os seios ficassem flácidos.

Passados vinte dias, recuperada do parto, ela mesma mandou anunciar o nascimento do bebê, quando a notícia chegou aos ouvidos do pai: a criança apresentava problemas de visão e alguma outra deficiência, pois chorava sem parar e tinha dificuldade em mamar.

Por mais que tentasse olhar para o filho e amá-lo como qualquer mãe o faria, Angélica não suportava olhar para aquele ser disforme. Assim, privando o filho de seu amor e carinho, deixou-o aos cuidados da parteira e de Hortência, dedicando-se apenas a cuidar do próprio corpo.

Certo dia, um mensageiro chegou à casa de campo trazendo uma notícia que deixou Angélica preocupada: Gregório estaria lá em três dias e vinha para levar Hortência, o filho e a esposa de volta ao palácio.

Angélica, completamente aturdida, olhou para Hortência e disse:

— Não posso permitir que Gregório a leve de volta ao palácio. Assim, lhe darei um boa quantia, para que você desapareça da minha vida! Como tenho meu filho como trunfo, que Gregório pensa que é seu, cobrarei um preço alto pelo sacrifício de ter de cuidar dessa criança cega! Tome, pegue este dinheiro, atravesse o mundo e nunca mais apareça na minha frente! Não quero ouvir falar em você de novo!

Quando Gregório chegou à casa de campo, encontrou Angélica aos prantos, com a criança nos braços. Preocupado, ele chamou a parteira e pediu que ela contasse o que havia acontecido com Hortência. Obedecendo às ordens da patroa, ela disse:

— Senhor, não sei ao certo o que aconteceu. Apenas sei que Hortência arrumou suas coisas e partiu com um cavaleiro que nunca vi por essas bandas.

Enfurecido, Gregório cerrou os punhos e gritou:

— O quê? Como uma mãe pode abandonar o próprio filho dessa maneira?

Angélica, fingindo compaixão pelo marido, ainda disse:

— Gregório, o pior de tudo é que Hortência abandonou uma criança que requer cuidados especiais. O menino é cego, o que exigirá amor e paciência redobrados.

Gregório, completamente desesperado, deixou correr duas lágrimas pelos olhos. "Meus Deus, que castigo é esse? Não posso acreditar que Hortência tenha me abandonado com um filho nos braços e, pior ainda, cego!", pensava.

Angélica, dissimulando uma compaixão que nem de longe havia dentro dela, disse:

— Gregório, não se preocupe. Cuidarei de seu filho como se fosse meu.

Sensibilizado pelas palavras da esposa, pela primeira vez Gregório a admirou. Enquanto Hortência traíra sua confiança duas vezes, Angélica estava ali, resignada, dando-lhe muito mais que uma prova de amor e de companheirismo, e ele não lhe dera a oportunidade de ser amada, uma vez que estava completamente envolvido pela paixão que nutria pela dama.

Durante o restante da vida, Gregório viveu ao lado de Angélica, que, sempre que podia, lhe jogava na cara o filho cego que aceitara como mãe. O menino, necessitado de amor, paciência e dedicação, desencarnara aos dezessete anos, retornando à pátria espiritual cheio de amargura e revoltado com a mãe. Quando teve outra oportunidade de se refazer espiritualmente, ela o expulsara de sua vida, fazendo com que mais uma vez ele regressasse infeliz, perdido e ainda mais revoltado. Agora, pela terceira vez, Artur era convocado a reencarnar, mas não aceitava a idéia de ter de fazê-lo por intermédio de Angélica. Incapaz de sentir amor por aquela mulher, cultivava apenas o imenso desejo de vingar-se dela.

Hortência, sua protetora espiritual, tentava animá-lo, sem sucesso. Em razão disso, recorreu aos mentores, pedindo para voltar à Terra ao lado dele, pois assim poderia auxiliá-lo em sua missão.

Feliz com a possibilidade que se descortinava diante de seus olhos, Hortência também sonhava em voltar aos braços dos pais, dos avós e principalmente de Angélica. Planejando o futuro, pensava: "Já que voltarei filha de Angélica, quem sabe dessa vez ela seja capaz de amar? Quanto a você, Gregório, meu amado e inesquecível amor, quantos obstáculos impediram o retorno glorioso de nossas almas! Mas agora estarei ao seu lado de novo e dessa vez, se Deus nos ajudar, vamos conseguir! Tenho certeza de que vamos!"

XIV
A força do destino

Na mansão, Teodoro insistia com o maestro:

— Gilberto, meu amigo, você precisa reconstruir sua vida. Veja, você ainda é um homem jovem, bonito e muito cobiçado!

No entanto, o maestro sempre mudava de assunto, dizendo:

— Teodoro, apenas minha música é o que me interessa nesse momento. Porém, se surgir uma paixão em minha vida, não se preocupe que você será o primeiro a saber.

Por enquanto, as mulheres que aparecem na minha vida são como nuvens: apenas passageiras.

Gilberto evitava falar sobre Maria Luiza, pois a separação ainda lhe causava muita tristeza. Assim, sempre que algum jornal ou revista estampava a foto dela e do novo marido, Teodoro arrumava uma maneira de fazer com que a notícia não chegasse ao amigo.

Em bela tarde, enquanto olhava Gilberto podar as hortênsias e angélicas, Teodoro voltava ao passado. Lembrava-se de que fora ele que ajudara o amigo a plantar aquelas flores que encheram o jardim de luz e de alegria. Em sua memória, revia Maria Luiza, alegre, serena e gentil, correndo atrás das meninas. Agora, a mansão estava vazia, triste e silenciosa. "Meu Deus, como isso foi acontecer?", pensava. "Se eu pudesse fazer o tempo voltar, daria tudo para vê-los juntos de novo. Mas sei que isso é impossível! Hortência está longe, muito longe, e não voltará nunca mais no mesmo corpo. Angélica está casada, longe daqui, e terá seus filhos. Maria Luiza tomou outro rumo, foi viver ao lado do filho de seu ex-marido. E veja que destino triste o de meu amigo".

Em Londres, Maria Luiza e Régis acompanhavam com muita tristeza sua mãe e o padrasto ao velório de tio Luís, marido de Márcia, que morrera em um trágico acidente de carro.

Maria Luiza, após o enterro, solidária à dor de Márcia, permaneceu ao lado dela e dos filhos o tempo todo, pois todos estavam inconsolados. Régis, muito solícito, ajudava os meninos em que podia, fortalecendo assim os laços de amizade que os uniam.

Sentada em confortável sofá, Márcia olhava para Maria Luiza e pensava: "Deus, veja o que é o destino. Quando eu poderia imaginar que Maria Luiza estaria a meu lado em uma hora tão triste como essa?"

Por alguns instantes, a jovem senhora lembrou-se de Gilberto. Apesar de sentir vontade de perguntar por ele, não teve coragem.

Maria Luiza, como se estivesse a ler os pensamentos da amiga, começou a falar da família, dizendo:

— Sabe, Márcia, não sei se lhe falei, mas serei avó de gêmeos. Angélica terá um menino e uma menina! Graças a Deus, ela está muito feliz com Gregório. Agora, para que realmente tudo fique bem, desejo que Gilberto encontre uma pessoa para amar e que possa amá-lo como ele merece.

Márcia enrubesceu. Baixando os olhos, pensou: "Santo Deus! Por que ela está dizendo isso para mim? Maria Luiza fala como se soubesse que um dia amei desesperadamente Gilberto. Fui muito feliz ao lado de Luís, mas confesso que Gilberto sempre foi o grande amor de minha vida".

Após alguns dias na fazenda de Márcia, quando Régis e Maria Luiza resolveram voltar para casa, o jovem músico disse:

— Meninos, o que vocês acham de ir conosco para a cidade? Acho que será bom respirar outros ares!

Concordando, Márcia respondeu:

— Obrigada, Régis. Realmente os meninos precisam sair um pouco da fazenda. Isso fará bem a eles.

Animada, Maria Luiza disse:

— Márcia, por que você também não vem conosco? Uma viagem faria bem a todos!

— Está bem, Maria Luiza. Tão logo seja possível, iremos todos fazer-lhes uma visita.

Um mês após a morte de Luís, os rapazes ligaram da fazenda avisando que passariam o feriado com Régis e a esposa. O pai de Maria Luiza também avisou que estaria chegando em breve, deixando o casal mais animado ainda com os preparativos para a recepção.

Alguns dias depois, Márcia e os filhos chegaram à casa de Régis e Maria Luiza. O músico, que se desdobrava em atenção aos rapazes, não sabia explicar por que aquelas pessoas lhe inspiravam tanta simpatia.

Maria Luiza, feliz com os convidados, comunicou:

— Papai logo estará chegando a Londres. Tenho certeza de que vocês adorarão conhecê-lo. Ele é muito agradável, alegre e simpático!

Régis, tão feliz quanto a esposa, ligou para seus pais, marcando um jantar para dali a três dias. Desse modo, todos poderiam se conhecer.

No dia previsto, Régis e os filhos de Márcia foram buscar o pai de Maria Luiza no aeroporto. As duas senhoras, que resolveram ficar em casa para preparar o almoço, enfeitavam a casa e conversavam animadamente enquanto aguardavam a chegada do velho senhor.

Tão logo chegou do aeroporto, o pai de Maria Luiza correu ao encontro da filha, que o aguardava de braços abertos e os olhos marejados. Em seguida, depois forte abraço, quando se virou para a outra moça, o velho senhor ficou pálido e sentou-se sofá.

— O que foi, papai? — perguntou Maria Luiza. — O senhor está se sentindo mal?

— Não, minha filha, está tudo bem. Mas, por favor, pegue-me um copo com água. É muita emoção para um velho coração.

Enquanto bebia a água, o pai de Maria Luiza olhava para Márcia e pensava: "Como esse mundo é pequeno! Por Deus, o que essa moça e os filhos fazem na casa de Maria Luiza? Como ela veio parar aqui?"

No dia marcado para o jantar, o pai de Maria Luiza percebeu a inquietação de doutor Álvaro quando se deparou com Márcia, filha de seu antigo colega e amigo. Senhora Raquel, esposa do nobre médico, também ficou desconcertada, uma vez que se lembrou de que seu filho falecera no mesmo dia em que o de Márcia nascera.

Observando-a de soslaio, a mãe de Régis pensava: "Pobre Márcia, como deve ter sofrido!" Olhando para o filho, agradeceu a Deus pela felicidade de tê-lo ali, lindo e perfeito.

Sentado à mesa, doutor Álvaro não sabia o que dizer; apenas tremia e suava. O pai de Maria Luiza, notando a perturbação do médico, questionava-se: "Hum, doutor Álvaro está muito inquieto. Será que ele guarda algum segredo? Lembro-me de ter visto essa moça, há muito tempo, com uma barriga imensa. Mas onde está a criança? Não pode ser esse jovem que está aqui. O filho que ela carregava seria bem mais velho!"

Observando Márcia com mais cuidado, o velho senhor percebeu o constrangimento da jovem senhora quando questionada sobre o pai. A simples menção ao nome do médico falecido fazia doutor Álvaro ficar pior ainda. Atento, o pai de Maria Luiza pensava: "O comportamento do médico é muito estranho. Tenho certeza de que há algo errado nessa história. Se Deus me mandou aqui, com tantos personagens do passado, deve haver alguma coisa a ser investigada. E começarei agora mesmo! Após o jantar, não darei tempo a Álvaro para que fale com ninguém. Hoje mesmo arrancarei dele toda a verdade, seja ela qual for".

No término do jantar, o pai de Maria Luiza convidou o médico para dar uma volta pelo jardim do restaurante. Lá, ao se ver a sós com doutor Álvaro, foi direto ao assunto:

— Doutor Álvaro, sou empresário e amigo do maestro Gilberto muito antes de ele se tornar meu genro. Assim, acompanhei todas as aventuras amorosas dele, mas jamais interferi em sua vida particular. Ao longo de todos esses anos, carreguei comigo uma dúvida, que apenas há pouco tempo consegui esclarecer. Essa moça, Márcia, teve um rápido relacionamento com meu genro, como ele mesmo me confessou, e meses depois eu a encontrei com uma barriga imensa. Sei que o filho era de Gilberto, mas minha pergunta é: o senhor também sabe disso, não sabe?

— O que Gilberto lhe contou? — perguntou o médico, assustado.

— Toda a verdade, doutor Álvaro! Ele me disse que soube da existência do filho há apenas alguns anos e que o pai da moça e o senhor acompanharam toda a história, desde o nascimento da criança.

— Meu Deus! Gilberto está louco!? O que deu nele? Eu e o pai de Márcia juramos que jamais contaríamos essa história a quem quer que fosse!

— Pode confiar em mim, doutor Álvaro. Assim como meu genro me confiou esse segredo, o senhor também pode confiá-lo. Sei que Márcia teve um filho de Gilberto e que esse filho está bem vivo! — disse o experiente homem de negócios.

— Meu Deus, por mais que eu tente manter minha família afastada dessas pessoas, o destino nos empurra cada vez mais para perto. Veja só: Márcia, os filhos e Régis, todos juntos, sem saber que são da mesma família! — disse doutor Álvaro, desesperado. — Vivo nessa aflição. Para ser sincero, nem consigo mais dormir! Às vezes, acho que vou ter um infarto!

Ao ouvir a revelação, o pai de Maria Luiza sentiu o rosto queimar e as pernas tremerem. "Não, minhas desconfianças não podem ser verdade! Céus, o atual marido de Maria Luiza é filho de Gilberto! Não, não pode ser!", pensava, aflito.

— Doutor Álvaro, o senhor confirma que Régis tem o mesmo dom de Gilberto para a música? — perguntou o pai de Maria Luiza.

— A música está no sangue dele, não há como negar! Fiz de tudo para encaminhá-lo para a medicina, mas a música sempre esteve arraigada dentro dele. Diante disso, não tive outra escolha a não ser apoiá-lo. Não tive como mudar o destino, que parece brincar com a gente.

— Vamos, meu amigo, tenha calma — disse o pai de Maria Luiza, que ainda tentava se recompor do choque sofrido.

Com toda a sua experiência de vida, tinha sido fácil conseguir a informação que queria, mas o susto fora maior do que esperava.

Como se previsse o futuro, o pai de Maria Luiza continuou falando:

— Doutor Álvaro, não temos como ir contra ao que está escrito na Lei Maior.

Ao voltarem para o salão do restaurante, o pai de Maria Luiza olhava para o marido da filha e sentia um aperto no coração. Com imensa tristeza no olhar, pensava: "Meu Deus, meus dois genros são pai e filho! Minhas netas são irmãs e enteadas de Régis! O que Maria Luiza fará se souber da verdade? Será que devo conversar com Gilberto? Ou devo me calar? Agora que sei de tudo, o que devo fazer? Não, ainda não posso fazer nada. Preciso de tempo para pensar".

Observando a expressão de angústia no rosto do pai, Maria Luiza perguntou:

— O que houve, papai? Está preocupado com alguma coisa?

— Desculpe-me, filha, acho que estou ficando velho. Imagine que eu estava tentando me lembrar se fechei a porta de meu escritório antes de viajar! — respondeu o velho senhor, tentando disfarçar.

Doutor Álvaro, atento à conversa entre pai e filha, tossiu nervosamente. Na verdade, sabia que os pensamentos do velho empresário eram outros e que realmente os dois tinham muito com que se preocupar.

Na porta do restaurante, antes de se despedirem, o pai de Maria Luiza aproximou-se do médico e pediu discretamente:

— Doutor Álvaro, gostaria de falar em particular com o senhor um outro dia. Por enquanto, por favor, não fale com Gilberto sobre nossa conversa de hoje, pois ainda não a terminamos.

O médico concordou. Em seguida, entregou-lhe um cartão, pedindo que ligasse para ele para combinar um encontro.

Na casa de Maria Luiza, os filhos de Márcia empolgavam-se com tudo que Régis lhes mostrava. Feliz, o caçula disse:

— Puxa, Régis, você é tão legal! Seria ótimo ter um irmão como você!

No plano terreno, a vida corria seu curso normal, com cada personagem vivendo sua própria história. E igualmente no plano espiritual uma nova história estava sendo preparada: o nascimento dos gêmeos de Angélica e Gregório.

Após muita insistência, finalmente Hortência havia convencido Artur a aceitar uma nova reencarnação, tendo como mãe aquela que o rejeitara várias vezes. No entanto, com a proximidade de mergulhar de vez no corpo carnal, Artur sentia muito medo, mas Hortência o animava, dizendo:

— Artur, não tenha medo, estarei com você. Dessa vez, tudo vai dar certo, você verá!

Numa ensolarada tarde de verão, os filhos de Angélica e Gregório vieram ao mundo e foram recebidos com muito amor e alegria por todos os membros da família, inclusive por Maria Luiza e Régis, que vieram ao Brasil para assistir ao nascimento dos gêmeos.

Gilberto, num canto do quarto, lutava para não gritar ao mundo a dor de ver juntos o filho e a mulher que tanto amava. Teodoro e Adriana, observando o maestro, sofriam tanto quanto ele e pensavam em uníssono: "Deus, mais uma vez o destino está pregando uma peça em Gilberto. Agora, Angélica está com os filhos nos braços e o irmão tão perto dela. Mas esse mesmo irmão também é seu padrasto!"

Gilberto, transtornado com a situação, mexia as mãos sem parar e estalava os dedos freneticamente. No fundo, não sabia quanto tempo mais suportaria aquele sofrimento. Diversas vezes, tinha-lhe ocorrido fazer uma besteira: tirar a própria vida. Porém, quando tais pensamentos lhe atormentavam a mente, lembrava-se dos valiosos ensinamentos de Teodoro sobre o mundo espiritual.

Ao lado de Angélica, o maestro acariciava a filha quando os bebês foram preparados pela enfermeira para mamar. Quando a menina foi colocada nos braços da mãe, por alguns instantes ela abriu os olhinhos e sorriu para ele. Olhando fixamente para o rosto da neta, Gilberto percebeu que aquele sorriso, aqueles olhos eram de Hortência. Emocionado, chorou de saudade, mas nada falou. Quando deixou o hospital, disse a Teodoro:

— Meu amigo, gostaria de conhecer um centro espírita. Você se incomodaria em me levar ao que você e Adriana freqüentam? Não sei o que aconteceu comigo, se é emoção, tristeza ou saudade, mas a verdade é que por alguns instantes vi Hortência!

Alguns dias depois, no centro espírita, o mentor espiritual, confortando o maestro, disse:

— Meu irmão, os caminhos de Deus são curtos. Nesse caminho, podemos ir e vir em uma velocidade incrível!

Gilberto não compreendeu a essência da mensagem, mas deixou o local sereno e tranqüilo.

Dias depois do nascimento dos gêmeos, os nomes das crianças já tinham sido escolhidos: Hortência e Artur. Gregório, tentando explicar aos presentes por que dera o nome ao filho, disse:

— Sabe, esta noite sonhei com um rapaz muito bonito, que me entregava um papel e me pedia para abri-lo. Quando o abri, o nome Artur estava escrito. O rapaz me dizia que aquele deveria ser o nome de meu filho. O sonho era tão real que falei com Angélica, que concordou que nosso filho se chamasse Artur.

Angélica era mãe dedicada e ciumenta. Todas as vezes que olhava os filhos, sentia imenso orgulhoso do amor que os unia, mas notava que, quando Hortência era tirada do berço, imediatamente Artur começava a chorar. O menino só dormia tranqüilo se a irmã estivesse a seu lado. Intrigada com a postura de Artur, Angélica e Gregório acharam por bem consultar um psicólogo especialista em bebês. Depois de conversar com o médico, este disse:

— Dona Angélica, a conclusão a que chego é que o pequeno Artur ainda se sente dentro do útero. Como se desenvolveu sentindo a presença da irmã, não deseja ficar sozinho. Porém, à medida que for crescendo, isso mudará.

Com o passar do tempo, Artur, em vez de se tornar independente, foi-se apegando cada dia mais a Hortência. Na hora de tomar seu café, só o fazia se a irmã estivesse junto, como em todas as outras atividades. Quando contrariado, chegava a ter febre, que só passava quando Hortência estava por perto.

Toda a família achava linda a união entre Artur e Hortência, mas o plano espiritual temia esse apego. Afinal, Artur precisava cumprir sua missão, e Hortência reencarnara apenas para ajudá-lo a assumir suas tarefas.

Passados alguns meses, Angélica voltou a ter pesadelos à noite. Quase sempre acordava aos gritos, chegando a assustar as crianças. Gregório, preocupado com o estado de saúde da esposa, resolveu chamar um médico, que diagnosticou o problema da jovem como depressão. No entanto, mesmo após tomar os remédios receitados pelo médico, Angélica não conseguia dormir. Em seu desespero, dizia:

— Meu Deus, vejo vultos a todo instante! Eles me ameaçam e debocham de mim! Tenho medo, muito medo!

Adriana, sensibilizada com o temor da jovem, resolveu passar uma noite com ela. Ao sentar-se ao seu lado, convidou a moça para fazer o Evangelho e pediu em seguida que tentasse dormir. Tão logo Angélica adormeceu, Adriana, em oração, observou que vultos aproximavam-se do corpo da jovem e que ela, inconscientemente, se debatia e falava como se tentasse se desvencilhar das mãos que a prendiam.

Ainda em oração, Adriana aproximou-se mais de Angélica e aplicou-lhe um passe. Ao final, notou que os vultos haviam desaparecido e que a jovem dormia tranqüilamente. Então, constatou que Angélica tomava remédios sem necessidade, que a causa de toda sua inquietação nada mais era que ataques de espíritos obsessores.

Na manhã seguinte, ao acordar, Angélica comentou:

— Nossa, depois de tantas noites sem dormir, nesta dormi tranqüila e até sonhei com Hortência correndo pelo jardim atrás de uma borboleta! Puxa, Adriana, dormi tão bem! Você não poderia ficar comigo todas as noites?

Com calma, Adriana explicou:

— Angélica, minha querida, não posso ficar aqui todas as noites. E seu marido? É ele quem tem de ficar ao seu lado. — Olhando para Gregório, Adriana disse: — Quanto a você, meu filho, tenha um pouco mais de paciência com sua esposa. Logo isso tudo passará!

— Estou tendo, Adriana. Acho que isso deve ser coisa emocional, pois às vezes eu a abraço para dormir e ela acorda aos gritos, jogando-se da cama.

Adriana achou por bem não contar nada ao rapaz sobre o que vira no quarto do casal. Por certo ele não compreenderia e poderia ficar com medo, o que complicaria mais a situação.

Em casa, a jovem senhora, relatando ao marido o que tinha visto no quarto de Angélica, disse:

— Teodoro, precisamos ajudar Angélica. O caso me parece muito sério. Temo pelas crianças, que são indefesas.

Coçando a cabeça, ele respondeu:

— Adriana, você não acha que Angélica deveria vir morar na mansão? Acredito que uma mudança nesse caso poderia ajudá-la.

— Tem razão, vamos falar com Gilberto. Quem sabe com jeito ele convence Gregório a vir passar uns tempos aqui conosco. Ao lado do pai e perto de nós, acredito que as coisas possam fluir melhor.

Alguns dias depois, Gregório e Angélica chegavam com as crianças para uma temporada na mansão. Lá, Adriana pôde perceber que a mudança realmente ajudara a jovem a ter paz, pois todas as semanas Angélica participava do Evangelho, e Teodoro, mesmo a distância, aplicava passes em toda a família.

XV
Cara a cara com o passado

Numa manhã de primavera, o maestro recebeu um convite para apresentar-se com alguns amigos na Europa e, em comum acordo com todos, resolveu esticar a temporada, tirando umas férias.

Deitado em sua cama, ele olhava para o teto e perguntava-se: "Há quanto tempo não faço uma viagem? Na verdade, depois que Maria Luiza saiu de minha vida, não tenho mais razão para viver. Tenho feito um esforço sobre-humano para não enlouquecer! Nem sei como tenho conseguido suportar o peso desse segredo em silêncio!"

Ao saber que o pai viajaria em poucos dias, Angélica ficou radiante com a notícia.

Afinal, ele vivia solitário e precisava se distrair. Empolgada, ela disse:

— Papai, se as crianças tivessem idade suficiente, viajaríamos todos com o senhor. Mas oportunidades não faltarão, não é mesmo?

Teodoro, tentando animar o amigo, reforçou:

— Gilberto, viaje tranqüilo. Como sempre, cuidarei de tudo por aqui, inclusive de seus netinhos.

Enquanto estava casada, Márcia dificilmente saía à noite para ir ao teatro ou assistir a concertos musicais. Como Luís, seu falecido marido, adorava ir ao campo, suas folgas tinham sempre um destino certo: a fazenda.

Certa tarde, enquanto se distraía com uma revista, Márcia assustou-se ao ouvir o telefone tocar. Ao atendê-lo, do outro lado da linha uma amiga a convidou:

— Márcia, é a Vera, tudo bem? Hoje à noite haverá um concerto. Como recebi dois convites para assistir ao musical, gostaria de convidá-la para ir comigo. O que você acha?

— Obrigada por se lembrar de mim, Vera. Vou aceitar seu convite, pois faz tempo que não saio de casa.

Horas mais tarde, ao chegar ao teatro, Márcia observou que o recinto estava lotado; não havia mais lugares vagos. Ao se acomodar em sua poltrona, ela cochichou ao ouvido da amiga:

— Vera, como sou desligada! Nem lhe perguntei quem são os músicos!

Antes que a amiga respondesse, a cortina foi aberta, e Márcia prendeu a respiração. Ali, diante dela, estava Gilberto, mais belo do que nunca!

Paralisada, com o coração disparado, a jovem senhora pensava: "Meu Deus, depois de tantos anos estou aqui, diante dele! E é como se o tempo não tivesse passado!" Esquecendo-se de que a amiga estava a seu lado, ela não percebeu mais nada a seu redor; apenas seus olhos buscavam insistentemente os dele.

No palco, também paralisado, Gilberto pensou estar tendo uma alucinação. Na platéia, Márcia olhava fixamente para ele.

Durante todo concerto os olhos de Gilberto e Márcia buscavam-se mutuamente. No primeiro intervalo, Márcia assustou-se ao receber um bilhete: o maestro a convidava para, depois do espetáculo, conversarem em seu camarim.

Márcia estremeceu; seus olhos brilhantes estavam marejados. Vendo sua emoção, a amiga quis saber:

— Márcia, o que aconteceu? O que há nesse bilhete?

— Vera, você é um anjo! Você me trouxe para o céu e encontrei Deus!

— Mas o que está havendo? Não estou entendendo nada! — disse a moça.

— Vera, quando terminar o concerto, você deve ir embora sem mim. Preciso resolver um assunto pendente há muitos anos e não posso perder essa chance que Deus está me oferecendo. Amanhã, explicarei tudo com calma. Essa é uma longa história, que não tenho como lhe contar hoje.

Após o concerto, entre a multidão que se misturava, Márcia desapareceu, deixando a amiga sem entender nada. Minutos depois, estava sendo conduzida por um funcionário do teatro ao camarim de Gilberto. Suas mãos estavam trêmulas e suadas.

Quando a porta abriu-se, Gilberto a aguardava em pé, no meio da sala. Ao vê-la, apenas disse:

— Márcia? É você mesma?

— Sim, sou eu. E é você mesmo, Gilberto?

— Sim, sou eu, sim!

Emocionado, o casal trocou um longo e forte abraço. Sentindo-a contra o corpo, Gilberto a imaginou grávida e em seguida reviu mentalmente toda a sua dor ao ver o filho morto, sensação que ele conhecia muito bem. Em silêncio, observando aquela mulher honesta e valente, que sofrera calada seu amor, sua dor e revolta, ele perguntou:

— Como você está, Márcia?

— Aos poucos, estou me recuperando da morte de meu marido, mas confesso que não está sendo fácil para mim e minha família. Porém, a vida continua e precisamos seguir adiante. E como está você? Casou-se novamente?

— Não, não me casei. Também estou tentando me recuperar... — Ambos ficaram em silêncio por alguns instantes. Em seguida, como buscando uma força maior, ele perguntou: — Márcia, se não estiver tarde para você, gostaria de jantar comigo?

— Claro que sim! — ela respondeu. — Não tenho mais pressa na vida, mesmo porque ela só nos leva aonde quer.

Meia hora depois, Márcia e Gilberto deixaram o camarim e seguiram para um restaurante no centro de Londres. Durante o jantar, conversaram sobre suas vidas, os filhos, o trabalho, evitando falar no passado. Ao final da noite, quando o táxi parou diante do apartamento de Márcia, Gilberto entregou-lhe um cartão e perguntou:

— Você me daria um cartão também?

— Sim, claro. Aqui está.

Olhando-a nos olhos, o maestro disse:

— Obrigado por essa noite. — Antes de ela se afastar, ele a chamou pelo nome. Quando ela olhou para trás, ele disse: — Márcia, que horas posso apanhá-la amanhã?

— Diga você o horário. Amanhã estou livre. Veja sua agenda e o melhor horário — ela respondeu.

— Que tal às 21h30? Podemos ir ao teatro e, em seguida, jantar. Aceita meu convite?

— Sim, aceito! — respondeu ela, entrando rápido no prédio.

Sem que pudesse impedi-la, Márcia desapareceu diante dele. Parado, olhando para o prédio dela, ele pensava: "Meu Deus, não estou acreditando! Isso é um sonho, um pesadelo ou tudo real?! Encontrei a mãe de meu filho! E agora, o que devo fazer? Como devo agir?"

De volta ao hotel, os amigos, ao o virem chegar, foram logo perguntando:

— Maestro Gilberto... Que homem de sorte! Quem era a loira com quem você saiu fugido do teatro? E, pelo visto, o encontro não deu muito certo. Você voltou muito rápido.

— Trata-se de uma velha conhecida. Na verdade, foi uma grande coincidência encontrá-la aqui — respondeu o maestro.

Ainda em tom de gozação, um dos amigos disse:

— Então, apresente-me essa grande coincidência! Eu não ficaria nem um pouco aborrecido!

Nos dias que se seguiram, Gilberto pegava Márcia em casa para assistir a todas as suas apresentações. No último dia da temporada, quando a orquestra se despedia do público, Márcia estava com os olhos cheios de lágrimas. Ao entrar no camarim, ela se aproximou de Gilberto e disse:

— Já sei, acabou o festival! Agora, é hora de partir, de dizer adeus.

Levantando o queixo dela delicadamente e olhando dentro de seus olhos, Gilberto respondeu: — Não, Márcia, dessa vez não é hora de dizer adeus, a menos que você não queira mais me ver. Como você, já não tenho tantos compromissos e quase nem olho para o relógio. Meu coração está livre. Se quiser preenchê-lo, será todo seu!

Emocionados, depois de tantos anos, de tantos desencontros, eles trocaram o primeiro beijo apaixonado.

— Pretendo ficar mais alguns dias em Londres. O que você acha? — perguntou o maestro.

— Eu? Acho maravilhoso! — disse ela.

— E o que você acha de visitar o Brasil? A primavera lá é uma belíssima estação, onde há muitas flores, pássaros, riachos correndo a céu aberto e um homem apaixonado cantando lindas canções ao luar para sua amada.

— Ah, não me tente mais uma vez, pois do contrário posso perder a cabeça e mergulhar fundo no que virá depois — respondeu ela.

— Prometo que dessa vez você não perderá nem a cabeça nem outra parte qualquer de seu corpo, pois estarei a seu lado!

Ela estremeceu ao ouvir aquilo. Afastando-se um pouco, perguntou:

— O que você quis dizer com "nem a cabeça nem outra parte qualquer de seu corpo"?

— O coração, por exemplo! Um coração apaixonado não se entrega a mais ninguém! — ele respondeu. Em seguida, tornou: — Márcia, preciso saber de uma coisa e quero que me diga com toda sinceridade. Você me amou muito quando nos conhecemos naquele festival?

— Gilberto, acredito que jamais deixei de amá-lo, apenas tentei viver. Não vou dizer que não tive momentos felizes ao lado de Luís, mas tão logo vi você descobri que nunca deixei de amá-lo.

No dia seguinte, enquanto tomavam chá em um requintando café, Márcia ensaiava como contaria a Gilberto que ela e Maria Luiza eram grandes amigas. Criando coragem, ela disse:

— Gilberto, preciso lhe contar uma coisa.

Ele ficou pálido. "Deus, será que ela sabe do nosso filho?", pensou.

— Bem, pode começar — disse ele, disfarçando o nervosismo.

— Sou amiga de Maria Luiza. A mãe dela é mulher do irmão de meu marido. Conhecemo-nos quando vocês estiveram aqui em Londres e ela foi até nossa fazenda. Se não estivesse com gripe, você também teria ido. Desde então, tornamo-nos amigas. Conheci suas filhas e fiquei muito triste quando soube da morte de Hortência. Condoí-me com a dor de Maria Luiza, pois sei o que é perder um filho. Perdi o meu e levei anos para me conformar com a idéia de que jamais poderia tê-lo de volta.

Gilberto assustou-se. Em seguida, perguntou:

— Você abortou?

— Não, dei à luz ao meu filho. Ele nasceu tão lindo e era tão forte que até hoje guardo na memória seu primeiro choro, Infelizmente, depois de algumas horas de nascido, meu bebê faleceu.

Após o relato, Márcia ficou parada olhando o vazio. Gilberto, observando-a com piedade, sentindo um nó na garganta, pensava: "Jesus, como puderam privá-la de seus direitos de mãe?"

Voltando à realidade, ela disse:

— Ah, Gilberto, tantos anos se passaram e agora estou aqui com você! — Acariciando a mão dele, ela continuou: — No dia em que meu filho morreu, gostaria de estar segurando sua mão, como nesse momento. — Secando uma lágrima que teimava correr por seu rosto, ela pediu: — Mas vamos mudar de assunto. Reviver o passado é sofrer duas vezes.

XVI
Ninguém foge ao olhar de Deus

Quando Gilberto regressou ao Brasil, Teodoro estava à sua espera no aeroporto. Vendo o amigo a distância, o maestro foi em sua direção. Envolvendo-o num terno abraço, disse:

— Teodoro, você vai cair de costas quando eu lhe contar uma novidade!

Teodoro, feliz em rever o amigo, observou que o maestro, além de rejuvenescer, estava animado e alegre. Não conseguindo conter a curiosidade, perguntou:

— O que aconteceu, homem de Deus? Conte-me!

— Vamos para casa. Chegando lá, contarei tudo — disse o maestro, completamente agitado.

A caminho de casa, Gilberto, não conseguindo controlar a ansiedade, disse:

— Teodoro, meu amigo, acho que não suportarei esperar até que cheguemos na mansão. Fique atento ao trânsito, mas me escute: encontrei Márcia, a mãe de meu filho!

Teodoro, abalado com a notícia, disse ao amigo, assustado:

— O quê? Gilberto, você quer que eu bata o carro?

— Calma, Teodoro. Avisei que você cairia de costas. Mas preste atenção ao trânsito. Dirija com cuidado e apenas me ouça. Em Londres, durante a temporada em que fui passar lá, encontrei Márcia no concerto. Depois da apresentação, fomos jantar e conversamos bastante. A partir daí, nos víamos todos os dias. Agora, resolvemos nos casar!

— O quê? — perguntou Teodoro, espantado e feliz ao mesmo tempo.

— É isso mesmo, meu amigo! Eu e Márcia vamos nos casar e os filhos dela morarão conosco. Sabe, Teodoro, a vida está me dando uma nova oportunidade, como havia sido dito por aquele médico no sonho em que tive há vários anos e do qual nunca me esqueci. E não vou perder essa oportunidade de jeito nenhum.

— Ela contou sobre o filho de vocês? — questionou Teodoro.

— Contou até onde podia contar. Mas não me disse que teve um filho meu; apenas que a criança morreu algumas horas depois de nascida. Eu sei de toda a verdade, ela não. Márcia me contou também que ela e Maria Luiza tornaram-se muito amigas, uma vez que minha ex-sogra é casada com o cunhado dela. Não é muita loucura? Quem diria que isso um dia aconteceria em nossas vidas?

— É, Gilberto, a vida é mesmo surpreendente! — exclamou Teodoro.

— Márcia conheceu Hortência e Angélica quando as meninas e Maria Luiza foram para sua fazenda. Naquele dia não pude ir porque estava muito gripado, lembra-se?

— Santo Menino Jesus! Vocês estão sob o olhar de Deus! — disse Teodoro.

— Márcia chegará ao Brasil daqui a quinze dias e acredito que não terá nenhum problema com Angélica, não é mesmo? E, por falar em Angélica, conte-me tudo sobre ela e meus netos!

— Ah, maestro, fique tranqüilo, pois está tudo sob controle — brincou o motorista.

Na mansão, Angélica e os filhos aguardavam ansiosos a chegada de Gilberto. Quando o maestro adentrou a sala de visitas, foi recebido com muitos beijos e mimos pelos netos. Acomodando-se em confortável sofá, com Hortência sentada em uma de suas pernas e Artur na outra, ele abriu as malas e entregou os presentes para todos. Em seguida, puxando uma foto, mostrou-a para Angélica e perguntou:

— Querida, você conhece essa moça?

— Claro! É Márcia! — respondeu Angélica, com naturalidade. Em seguida, um pouco cismada, perguntou: — Você a conheceu? Onde se encontraram?

— Em Londres, no concerto.

— Mas, papai, que eu saiba você não conhecia Márcia! Quer me contar essa história direito?

— Mais tarde, minha filha. Agora estou muito cansado. Depois lhe contarei tudo. Mas, antes, quero que saiba que essa viagem foi abençoada por Deus, muito abençoada — disse Gilberto, não conseguindo esconder a felicidade que sentia.

Após a breve conversa com a filha, Gilberto saiu da sala, deixando Angélica pensativa: "Hum, como será que papai conheceu Márcia? Ao que me consta, agora ela é viúva, já que tio Luís morreu naquele terrível acidente. Papai está separado de mamãe há algum tempo. Hum, será que estão namorando? Se estiverem, como mamãe receberá a notícia? Ah, mas que besteira! Mamãe já está casada com Régis. Por falar nisso, será que está feliz? Bem, espero que sim. Mas ainda não me conformo de mamãe ter trocado papai por aquele rapaz. Tento não sentir mágoa dela, mas confesso que não consigo".

Saindo de seus devaneios, Angélica foi para o quarto. Lá, ao observar a pequena Hortência adormecida no carrinho, uma lágrima desceu suavemente por sua face. Comovida, pensou: "Meu Deus, levei minha irmã à morte! Essas crianças poderiam ser filhas de Hortência e Gregório!"

Agora que era mãe, Angélica tinha consciência do real significado da palavra amor. Apesar de ter uma família, pais amorosos e um marido bom e gentil, no fundo nunca conseguira apagar a imagem de Hortência de seu coração. O pai dedicava-lhe amor e atenção, mas sua preferida sempre fora Hortência, ela sabia. Via quando ele ficava horas no jardim a cultivar as tão amadas hortênsias e sentia uma pontinha de ciúme. Também percebia que, quando Teodoro e Adriana referiam-se à moça, seus olhos enchiam-se de lágrimas. Todos a amavam muito, inclusive ela, que quase enlouqueceu de inveja da irmã.

Em suas reflexões, Angélica lembrava-se do aborto que fizera. Ao pensar nisso, passou as mãos pelos cabelos e disse em voz alta, em desespero:

— Meu Deus! Eu não suportaria ver meu filho morto!

Minutos depois, Gregório entrou no quarto e, aproximando-se da mulher, perguntou:

— O que está acontecendo, Angélica? Você gritou e está quase chorando! O que foi?

— Estava aqui olhando Artur dormir e de repente tive medo de perdê-lo! — disse a jovem, aflita.

— Calma, Angélica, nossos filhos estão apenas dormindo! Veja como são lindos! Não se preocupe. Vamos ver nossos filhos crescer, casarem-se e nos dar muitos netos — disse Gregório, tentando confortá-la.

Ali, no mesmo quarto, dois espíritos, de mãos dadas, ouviam a conversa do casal e acompanhavam com alegria.

Sorrindo, Hortência falou para Artur:

— Eu não disse que dessa vez ela o amaria por todas as outras vidas que não o fez?

Ele sorria satisfeito, olhando a mãe cheio de amor. Em seguida, perguntou:

— E você, Hortência, não sente mágoa ou raiva de tudo o que ela já lhe fez?

— Não, Artur. Agora você pode me entender. Jamais sentimos mágoa ou raiva das pessoas que amamos, e eu a amo muito.

Mais tarde, de volta ao corpo carnal, Artur pedia à irmã:

— Hortência, vamos brincar lá fora no canteiro de flores? Veja, está cheio de borboletas coloridas!

— Vamos, sim, mas antes quero dar um beijo no vovô!

Deitado em sua cama, o maestro repousava tranqüilamente e sentia o perfume de suas flores prediletas: hortênsias e angélicas. De olhos fechados, mas acordado, sentiu de repente os lábios de Hortência em sua face e ouviu nitidamente sua voz suave dizendo: "papai, eu te amo!"

Ainda de olhos fechados, deixou duas lágrimas correrem pelo rosto e agradeceu a Deus pela bênção: Hortência estava ali.

Um mês havia-se passado, e o pai de Maria Luiza ficara sabendo do reencontro de Gilberto e Márcia. Sem perder tempo, ligou imediatamente para o pai de Régis, dizendo:

— Doutor Álvaro, cada dia que passa o dedo de Deus empurra pai e filho para perto um do outro!

Em Londres, Maria Luiza soube da notícia do casamento do ex-marido e Márcia. No início, ficou surpresa, mas depois ligou para amiga, desejando-lhe toda a felicidade do mundo.

Alguns meses depois, Gilberto e Márcia casaram-se. Conforme combinado, a jovem senhora veio de mudança para o Brasil com os filhos. No início os rapazes tiveram dificuldade de se adaptar no novo país, o que foi logo superado. Em bela tarde, enquanto tomavam chá, o filho caçula de Márcia disse para o maestro:

— Gilberto, eu e meu irmão estamos muito felizes com o seu casamento e de mamãe, mas somos amigos de Régis. E, justamente por essa amizade, gostaríamos de continuar mantendo contato com ele.

Gilberto, sentindo um aperto no coração, disse:

— Claro, rapazes. Também sou amigo de Régis e Maria Luiza.

Nas férias escolares, os filhos de Márcia viajaram para Londres, pois iam visitar os parentes e reencontrar o músico e Maria Luiza. Angélica, Gregório e as crianças, aproveitando a oportunidade, também seguiram para a capital inglesa, a fim de levar Hortência e Artur para visitar a avó.

No Brasil, tudo corria bem entre Gilberto e Márcia. Porém, numa certa manhã de domingo o telefone tocou logo cedo. Gilberto, assustado, sobressaltou-se da cama. As ligações fora de hora o assustavam.

Atendendo ao telefone, o maestro ficou paralisado com a notícia que ouvira: a mãe de Maria Luiza comunicava-lhe que doutor Álvaro e Raquel, pais de Régis, haviam morrido num terrível acidente de lancha.

Em estado de choque, Gilberto ficou com o telefone na mão, sem saber o que dizer. Márcia, aflita, puxando o aparelho, perguntou:

— O que houve, Gilberto? Aconteceu alguma coisa com meus filhos?

— Não, Márcia. Os pais de Régis morreram em um acidente de lancha! — respondeu o maestro, num fio de voz.

— Santo Deus! Temos que ligar para Régis e Maria Luiza! Angélica e as crianças estão lá!

Márcia pegou o telefone e ligou para Londres. Quando Maria Luiza atendeu, ela disse:

— Minha amiga, eu e Gilberto acabamos de saber o que aconteceu com seus sogros. Sentimos muito. Quero que saiba que, se você e Régis precisarem de algo, estaremos aqui.

Em seguida, após os pêsames, Márcia voltou-se para Gilberto e pediu:

— Gilberto, você deve falar com Régis. Numa hora dessas, todas as diferenças devem ser deixadas de lado. Tenho certeza de que vai ser muito bom para ele ouvi-lo.

— Sim, Márcia, mais tarde ligarei para ele. Não existem diferenças entre nós. A vida nos colocou no lugar onde deveríamos estar e acredito que ela faz sempre o que é melhor para todos nós.

No mesmo dia, Gilberto falou com o filho e juntos choraram ao telefone. Sem perceber o que dizia, Gilberto falou:

— Régis, conte comigo para o que precisar. Eu o tenho como meu filho.

O pai de Maria Luiza, ao saber do acidente que tirara a vida dos pais de Régis, suspirou fundo e lastimou profundamente a tragédia que se abatera sobre aquela família. Sentado em seu sofá, envolto em seus devaneios, o velho senhor pensava: "Será que devo contar a Gilberto que sei de toda a verdade a respeito de seu filho? Os envolvidos nessa história estão indo embora um a um. O que devo fazer? Bem, talvez seja melhor esperar. Ninguém foge ao olhar de Deus. Se Márcia tiver que saber a verdade, Deus apontará o caminho".

Cinco anos passaram-se como num passe de mágica. Numa fria tarde de inverno, o pai de Maria Luiza faleceu repentinamente, levando consigo seu segredo. Maria Luiza, que havia algum tempo estava fazendo tratamento, teve que retirar parte do seio, em decorrência de um câncer de mama. Angélica, que visitava a mãe com assiduidade, sempre voltava triste de seus encontros.

Desde a morte de Hortência, Angélica passava as festas de fim de ano deprimida. Nessas datas, não viajava nem falava com ninguém. Pressentia o que poderia lhe acontecer na espiritualidade após cometer tantos desmandos nesta encarnação. O arrependimento começava a incomodar-lhe a consciência.

O Natal se aproximava. Maria Luiza, internada em um hospital de Londres, de repente começou a sentir falta de ar. Régis, que a acompanhava, correu para pedir ajuda, mas não sabia que era chegada a hora da bela e jovem senhora partir para o mundo dos espíritos. Alguns minutos depois, os médicos constatavam o falecimento de Maria Luiza.

Gilberto e Márcia, acompanhados de Angélica, ao serem notificados da morte de Maria Luiza, seguiram direto para a capital inglesa, para as homenagens póstumas. No velório, Régis estava pálido, inconsolável, com os olhos fundos e cansados, observando a esposa no caixão. Ao se aproximar do jovem músico, Gilberto o abraçou, e Régis começou a chorar dizendo:

— Maestro, agora não tenho mais ninguém nesse mundo para amar! O que será de mim?

Como inspirado por uma força maior, Gilberto respondeu:

— Régis, quando pensamos que não existem mais caminhos, eles começam a surgir. Você não está só. Há muitos corações que se abrirão para você, verdades que você tem direito de saber.

— O que o senhor está tentando me dizer? — perguntou o rapaz, confuso.

— Que você ainda terá muitas alegrias.

Naquele triste dia, Gilberto não o deixou sozinho. Após o enterro, resolveu passar a noite com ele. Márcia, comovida com toda aquela situação, não sabia explicar por que, mas também sentia grande afeição pelo rapaz.

Alguns dias depois, um pouco mais refeito, Gilberto convidou o músico para ir ao Brasil passar uma temporada com ele e a esposa. Márcia, feliz com a idéia, reforçou o convite. No íntimo, amava aquele rapaz como se fosse seu filho e diversas vezes pegava-se pensando que, se seu filho estivesse vivo, teria a mesma idade que o músico.

A princípio, Régis tentou declinar do convite, mas por fim resolveu aceitá-lo.

No Brasil, dois meses após a morte de Maria Luiza, o maestro tomou uma decisão: não poderia mais conviver com o pesado fardo que carregara durante anos. Não tinha o direito de privar mãe e filho da verdade.

Numa tarde, aproveitando que todos haviam saído, Gilberto chamou Márcia e Régis e disse-lhes:

— Tenho algo muito importante para lhes revelar.

Os dois entreolharam-se, mas foi Márcia quem disse primeiro:

— O que está acontecendo, Gilberto? Nunca o vi tão sério e abatido como agora. Você está me assustando!

Virando-se para o músico, ele continuou:

— Régis, o que tenho para lhe contar é uma longa e triste história. Não suporto mais carregar esse fardo e acredito que Deus quer que eu me livre de uma vez por todas dessa pesada carga. Márcia foi uma antiga namorada minha. Antes de me casar com Maria Luiza, ficamos juntos em um festival em Londres, mas ela sabia que eu era apaixonado pela minha noiva, pois jamais escondi isso dela. Ao final do festival, despedi-me dela e nunca mais a vi ou soube nada a seu respeito, até que um dia o pai dela me chamou e contou-me a tragédia que envolveu nossas vidas.

Pausadamente, Gilberto relatou todos os fatos. Régis, pálido, ouvia a tudo com atenção, enquanto Márcia chorava em silêncio. Ao final da narrativa, o maestro acrescentou:

— Quero que vocês dois me perdoem se me julgam um covarde. Márcia, você é mãe de Régis e eu sou o pai. Régis, você é meu filho e tem irmãos, sobrinhos e uma família.

Régis, de um salto, levantou-se da poltrona e abraçou Márcia e Gilberto. Em seguida, disse:

— Não estou sozinho! Tenho uma família, irmãos! Tenho um pai e uma mãe!

Após as primeiras emoções, os três dirigiram-se abraçados para o jardim, onde, a certa distância, encontravam-se Teodoro e Adriana. Este, ao vir a cena, cutucou a esposa e disse:

— Adriana, estou enxergando bem ou aquilo é uma miragem?

— Não, não é miragem. É real!

Quando percebeu a presença dos amigos, Gilberto gritou:

— Teodoro, Adriana, venham até aqui! Quero lhes apresentar nosso filho!

Ao se encontrarem, todos se dirigiram ao canteiro de flores e ali ficaram sentados, sorvendo o delicioso perfume das angélicas e hortênsias. Régis, olhando para uma flor, disse:

— Que pena que convivi tão pouco com minha irmã. Porém, por outro lado, terei tempo suficiente para usufruir da companhia de minha sobrinha Hortência.

— Vamos esperar Angélica voltar da Grécia e legalizar nossa vida em família — disse Gilberto.

— Mas como será que meus irmãos receberão a notícia? — perguntou Régis, referindo-se aos filhos de Márcia.

A mãe respondeu:

— Desde que o conheceram, os meninos sempre me diziam que desejavam tê-lo como irmão.

— Papai, será que poderemos gritar aos quatro cantos do mundo que temos afinidade musical justamente porque somos pai e filho? — perguntou Régis, preocupado.

— Não vejo motivo, meu filho, para continuarmos escondendo sua origem. Você é nosso filho, e todos deverão saber disso! — disse Gilberto, não contendo a felicidade.

Do outro lado do jardim, vários espíritos abraçavam-se comovidos. O avô de Régis orgulhava-se do neto. Doutor Álvaro, enlaçado ao filho, também sentia imenso orgulho do rapaz.

O jovem médico, chefe da equipe espiritual que viera à Terra testemunhar o encerramento do processo, disse em tom emocionado:

— Meus amigos, o dever nos chama! O caso está encerrado; é mais uma vitória do plano espiritual. Agora, só nos resta abraçar a todos e partir, pois um novo e complicado processo está nos esperando.

— Ei, esperem por nós! — gritaram duas belas crianças.

Eram um menino e uma menina lindos, que chegavam de mãos dadas. A menina apanhou uma hortênsia e uma de angélica e pediu:

— Você pode levar isso para uma moça chamada Maria Luiza?

— Nós a levaremos. Mas quem são vocês? O que estão fazendo aqui? — perguntou o jovem médico.

— Nós moramos aqui! Somos os netos dela! — respondeu Hortência. — Na verdade, saímos um pouco do corpo físico, pois sabíamos que vocês viriam e gostaríamos de enviar essas flores para ela.

— E por que vocês não as entregam pessoalmente? — perguntou o médico.

— Podemos fazer isso?

— Sim, agora mesmo!

Instantes depois, Maria Luiza apareceu de braços abertos, envolvendo as crianças que vieram ao seu encontro. Em seguida, ela beijou os dois irmãos e disse:

— Essas flores são tão lindas quanto vocês! Artur, seja obediente. Mamãe Angélica ama vocês dois com a mesma intensidade. Agora voltem para seus corpos, está na hora.

Atendendo ao pedido da avó, Hortência e Artur saíram correndo. Maria Luiza, juntando-se ao grupo, ficou observando as crianças se afastarem. Enquanto elas corriam, o jovem médico falou:

— Felizes aqueles, meus amigos, que, mesmo no sofrimento, estão sob o olhar de Deus!

Os últimos raios de sol enfeitavam o céu deixando a tarde mais bela e iluminada. A equipe espiritual se foi deixando no espaço um rastro de luz, de paz e de renovação para todos.

Você já leu as obras da médium Maria Nazareth Dória?

Amor e Ambição

Psicografia de Maria Nazareth Dória
Pelo espírito Helena
Loretta era uma jovem nascida e criada na corte de um grande reino europeu entre os séculos XVII e XVIII. Determinada e romântica, desde a adolescência guardava um forte sentimento em seu coração: a paixão por seu primo Raul. Um detalhe apenas os separava: Raul era padre, convicto em sua vocação. Loretta perde irremediavelmente o seu grande amor para a Igreja. Inconformada com seu destino, inicia sua vingança.

Um Novo Despertar

Psicografia de Maria Nazareth Dória
Pelo espírito Helena
Simone é uma moça simples de uma pequena cidade interiorana. Lutadora incansável, ela trabalha em uma casa de família para sustentar a mãe e os irmãos, e sempre manteve acesa a esperança de conseguir um futuro melhor. Em meio à rotina de suas duras tarefas, ela nunca deixou de estudar até conseguir o seu diploma. Vencida a etapa dos estudos, Simone, auxiliada por sua tia que mora na capital, vai em busca de seu destino. Presta concurso público para uma vaga em uma grande empresa estatal e, para sua surpresa, é aprovada entre as primeiras colocadas. Começa uma nova fase em sua vida... Instala-se definitivamente na capital, aluga uma casa, compra móveis e realiza seu grande sonho: trazer a mãe e os irmãos para a cidade grande. Porém, a história de cada um segue caminhos que desconhecemos.